字解日本

食衣住游

[日] 茂吕美耶 著

当代中国出版社
Contemporary China Publishing House

版权合同登记号 图字：01-2021-6498

图书在版编目(CIP)数据

字解日本. 食、衣、住、游 / (日) 茂吕美耶著. --
北京 : 当代中国出版社, 2022.1
ISBN 978-7-5154-1146-0

Ⅰ. ①字… Ⅱ. ①茂… Ⅲ. ①日本—概况 Ⅳ.
① K931.3

中国版本图书馆 CIP 数据核字(2021)第 210810 号

出 版 人　冀祥德
责任编辑　葛灿红
特约编辑　吴　婕
责任校对　康　莹
印刷监制　刘艳平
封扉设计　卿　松 [八月之光]
出版发行　当代中国出版社
地　　址　北京市地安门西大街旌勇里 8 号
网　　址　http://www.ddzg.net　邮箱：ddzgcbs@sina.com
邮政编码　100009
编 辑 部　(010) 66572264　66572154　66572132　66572180
市 场 部　(010) 66572281　66572161　66572157　83221785
印　　刷　北京中科印刷有限公司
开　　本　880 毫米 × 1230 毫米　1/32
印　　张　6.5 印张　1 插页　140 千字
版　　次　2022 年 1 月第 1 版
印　　次　2022 年 1 月第 1 次印刷
定　　价　42.00 元

新版序言

十年前的我，十年后的我，十年来我内心那份最沉重的痛

当出版社来信告知，《字解日本：食、衣、住、游》将改版重现“江湖”时，我正忙于其他几本书的简体版出版事宜，所以没有特别放在心上。过了一阵子，出版社又来信托我写一篇新版序文，我才想起这件事，于是赶紧暂停手中的工作，从书柜找出这本书，连夜仔细重读了一遍内文，最后翻到版权页，发现初版一刷的日期是 2008 年 8 月——恰恰是十年前。

年轻时的我，对“十年后”“十年之约”那类的小说或电影情节安排，怀有一份莫名的憧憬。现在仔细想来，可能是因为当时对“十年”这种时间单位缺乏现实感所致。换句话说，40 岁之前的我，无法想象十年后的自己是什么样子，或处于何种环境，毕竟那是很遥远的未来，既无法预测，也难料好坏。但是，50 岁过后，我突然惊觉，时间的流速变得异常飞快，“十年”不再是遥远的未来，而是所剩无几的此时此刻。换个残酷的说法，那就是，说不定我已经没有机会迎来第三个甚或第二个“十年”了。

那么，这十年来，我做了些什么事呢？坦白讲，如果没有

写书和翻译的工作，我可能无法向第三者证明，我在这十年里到底做了些什么事。就这一点来说，我真的很幸运，竟然留下了十种自己的新作和一种旧作增订版，以及八种翻译书。为了找出自己存在过的证明，我在网络书店搜寻，伸出指头一种一种计算，最后对着电脑屏幕苦笑："嘿！Miya，你哪来的这些精力呀？怎么比蚂蚁还勤快？"

这本《字解日本：食、衣、住、游》，本来是针对学日文的读者而写，但也不完全是语文书，比较偏向文化。书中掺杂了不少我自己的生活琐事或往事杂感，让我读得时而轻笑，时而叹息。

虽然凡事都会时过境迁，不过，有些事依然如书中所述。例如，我最常吃的"一人锅"依旧是汤豆腐，最常吃的酱菜依旧是糠渍，日本超市依旧在积极倡导自备的购物袋"My bag"或"Eco bag"，我也和十年前一样，依旧不带"My bag"去买菜，只是现在必须多付二到五日元的塑料袋费用。不是我不环保，而是对我这种一星期出门买一次菜的人来说，布制的"My bag"根本派不上用场，不但装不下，也没法可大可小，还是超市的环保塑料袋比较方便。

重读自己的旧作，可以读出"十年的重量"（纯粹个人史）。为什么我会形容为"十年的重量"呢？因为目前的我，已经无法用那种轻快活泼的笔调书写文章了。而"十年的重量"中，那份最沉重的痛，就是我在"锅料理"一节中提到的幺儿猫咪"小流氓"过世一事。

十年前，我家有三口猫儿子；十年后，我家有七口猫儿猫女。但后者的七口，并不包括前者的三口。也就是说，十年前的那三口猫儿子，现在全都化为白骨，横躺在我家院子的花圃地底下。既然三口都过世了，为何独独幺儿猫咪“小流氓”，会成为我心中那最沉重的一份痛呢？

“小流氓”有两个哥哥，大黄黄和大黑黑。大黄黄和大黑黑是兄弟，大约一个月大时，被人放在纸箱内，丢弃于树林中。我在某个春季夜晚带狗狗出门散步时，听到黑漆漆的树林内传出不知名生物的哀号，于是先带狗狗回家，再找出新的纸箱和手电筒、手套，折回原地，费了不少功夫，才救回了这对兄弟。

第二年春季某天，顶多一个多月大的“小流氓”，单独出现在我家院子喵喵叫，被我请进屋，成为我家幺儿。所以，哥哥和弟弟仅相差一岁，而且，由于两个哥哥本来就是亲兄弟，感情很好，晚一年进门的“小流氓”从小便遭排斥，日子过得很孤独，于是养成每天夜晚必定会钻进被子，窝在我左侧怀中，一面踩脚一面睡去的习惯。

大黄黄和大黑黑 12 岁时，同时患上口腔黏膜糜烂的难治性口内炎，每隔三周都要被带到动物医院打一次止痛针。有时因黏膜溃疡流血不止，必须动紧急手术。大黄黄动过两次紧急手术，靠着止痛针撑了三年，最后于 2013 年 7 月末摆脱病痛生活，早一步前往“彩虹桥”，享年 15 岁。那时，动过一次紧急手术的大黑黑仍在努力支撑，却因打针的副作用，患有糖尿病，行动不太方便。“小流氓”则一点问题都没有，至少，外表看上去很健康，猫毛光亮，眼神炯炯，体重也有四公斤半。

大黄黄过世后的某天，我在为“小流氓”剪指甲时，顺便检查它的全身，发现它身上长了两个肿瘤。肿瘤不大，我拖到 11 月才带它到动物医院就诊。那天，一直负责我家猫咪的家庭女兽医凑巧休假，由另一个不熟悉的女兽医看诊，她看了并摸了“小流氓”的肿瘤，对我提出各种建议。总结说来，那名女兽医的诊断是脂肪瘤，说可以延到明年再动手术也无所谓。过几天，我带大黑黑去打止痛针时，顺便跟我家的家庭女兽医预约了“小流氓”的手术日期，日期定在新年过后的一月八日。

但是，从除夕夜起，“小流氓”的样子就有点怪了。它不吃饭。不吃饭没关系，但它没有按每夜的习惯做。就是十四年来每夜都会做的那个“窝在我左侧怀中，一面踩脚一面睡去”的习惯。从除夕到正月初三，我家那两个毛脚儿子都会回来过年，家里很忙，况且动物医院也休假到初五，我便按照预定于八日带“小流氓”去接受手术。

“小流氓”不吃饭的原因，我原以为是口内炎，所以拜托家庭女兽医趁它陷入麻醉时，仔细诊察它的口腔。动手术之前必须做血液检查，不料，家庭女兽医做血液检查做到一半，便慌慌张张地跑出来对我说明事由。她说，“小流氓”除了体外那看得见的肿瘤之外，体内可能还有更严重的大病。

“什么大病？”

“大概是癌症。它胸部积水了，有胸水。”

我张大嘴巴，哑口无言。

“如果要动手术，就必须麻醉。但‘小流氓’目前的身体状况，麻醉中很可能出事（死亡）。”

家庭女兽医列出很多种可能性，最后要我做决定。我做了动手术的决定。所幸，“小流氓”没有在手术中出事，真是谢天谢地。一星期后再带它去诊察，照了 X 光，胸部没积水。我问家庭女兽医："这样是不是可以多活一年左右？"兽医摇摇头："我们目前的治疗只能减轻它的痛苦而已。所以你还是要有心理准备，可能连半年都不到。"

家庭女兽医免费帮我把"小流氓"的胸水和动手术割下的肿瘤，送到她的母校做检查。据说，全部都是癌细胞。也就是说，"小流氓"的体内都是癌细胞。不仅肿瘤，连内脏、肺部都已经到了末期。

又过了一星期，"小流氓"陷于呼吸困难，我带它到医院抽胸水，想让它舒服一点，没想到就在抽出胸水后，它竟突然心脏麻痹。我接到电话后，赶到医院时，"小流氓"已经在手术台上断气了。我伤心得一路推着自行车，一路大哭着走回家。自行车后座搁着宠物袋，袋子里装着"小流氓"的尸体。

那天，刚好是我的生日，好友送来一盆鲜花，埋葬时，我将那些鲜花全部装饰在"小流氓"身上。从被宣告是癌症，直至跨上"彩虹桥"那天，仅有两个星期。而且毫无前兆，毫无症状。

事后，我一直在回忆，一直在反省，是不是因为过于关注那两口老病猫，而忽略了"小流氓"？还有，那天带它去抽胸水，是不是做错了？就算它看似呼吸很困难，我是不是应该让它在熟悉的环境下，让它在我怀中呼出最后一口气？可是，无论我怎么思考，我都无法得出可以让自己心服口服的答案。因为，倘若选择了让它在家里因呼吸困难而饱受折磨，最后窒息而死的话，我照样会后悔，照样会责怪自己为什么不带它去医院抽胸水。

“小流氓”过世后不到一个月，这回轮到大黑黑摆脱了为期三年半的病痛日子，前往“彩虹桥”，享年将近 16 岁。

短短半年期间，我连续失去了三个生活伴侣。不过，大黄黄和大黑黑都是经过长期的患病期间，之后再逐渐衰弱，整个过程，我都看在眼里，断气之前也是先陷入昏迷状态，因而有关它们兄弟俩，我一点也不后悔。该做的我都做了，该花的钱也都花了，它们也确实努力地撑了很久，过世时，兄弟俩都只剩下一层皮包骨，体重只有两公斤。

想来想去，我心中那份最沉重的痛，果然还是“小流氓”。另有一件很诡异的事，令我至今难忘。“小流氓”在 1 月过世，那年 4 月，尸体埋葬处冒出一朵鲜红色的郁金香。我没有在该处种植郁金香球根的记忆，埋葬处四周也没有其他任何郁金香花朵，思索了许久，我认为，或许是埋葬时，装饰在它身上的那些鲜花中，有郁金香。可是，好友送来的是鲜花盆，即便有郁金香花朵，也绝对没有球根。再说，好友深知我喜欢什么颜色的花，不会挑选鲜红色的花。退一万步来说，就算有郁金香球根，第二年，应该也会再度冒出郁金香花朵或叶子才对。可是，没有。那朵鲜红色的郁金香，只在“小流氓”过世那年出现了一次而已，也只出现在“小流氓”的埋葬处，之后，全无踪迹可寻。

“小流氓”的死，是我在这十年来所经历的最沉重的一份痛；鲜红色的郁金香，则是我在这十年来所经历的最诡异的非科学事件。目前，我家屋内有三只猫，屋外院子有四只猫，无论屋内或院子，为了不让猫孩子们中毒，我都尽量避免栽种或装饰百合科花卉，当然也包括郁金香。

最后，非常感谢出版社让这本书重新上市，也非常感谢出版社让我有机会写下我内心那份最沉重的痛。我现在只有一个愿望，就是希望我能拥有下一个“十年”，如此，我才能亲手送走目前年龄最小的幺女小黑，让它安心跨上“彩虹桥”。

2018 年 4 月

茂吕美耶于日本埼玉县

目录

Contents

食

衣

住

游

「食」

米（こめ / kome）

日本素有稻米文化，2000年前便以稻米为主食。不但用稻米酿酒、制作米果（せんべい／senbei），也用糯米制作“餅”（もち／mochi，年糕）、“团子”（だんご／dango，汤圆）。遇到喜事时吃的“赤飯”（せきはん／sekihan），也能用于供奉神佛。郊游时带饭团（おむすび／omusubi），加上醋就变成寿司（すし／sushi）。收割后的稻草用来做草鞋（わらじ／waraji）、蓑衣（みの／mino）、屋顶，等等。

➤ 年糕

米果是日本最普及的糕点，原料是糯米或面粉，大小约七八厘米，有方形也有圆形，涂上酱油或混入芝麻、盐，最后用火烤。米果在江户时代（1603—1868）便已普及，种类多得难以计数。

“餅”是年糕的一种，原料是糯米，将糯米蒸熟后，放在臼（うす／usu）内，用杵（きね／kine）捣成年糕，切成方形后再晒干。日本人在元旦当天通常会吃烤饼，用火烤软干饼，直接蘸酱油或裹上海苔（のり／nori）吃，或是放在“雑煮”（ぞうに／zo-ni）内。

“雑煮”（ぞうに／zo-ni）是日本元旦料理中不可或缺的一项汤汁料理，里面放鱼、肉、根菜类，关东人习惯煮成酱油味，关西人则惯常用味噌（みそ／miso，黄酱）调味。这是一道乡土味很浓的元旦料理，每家每户的味道都不一样。

▶ 杂煮

赤饭是有喜事时吃的，原本是以红米为原料煮成，后来白米普及，就变成在糯米内加入“小豆”（あずき／azuki，红豆）煮成红豆饭。现代日本家庭每逢家人有喜事时，例如女儿第一次来潮、孩子的婚礼、亲人生产时，都会煮

▶ 赤饭

▶ 饭团

赤饭以表庆贺。

“おむすび／omusubi”“おにぎり／onigiri”是饭团或称握饭，一般都握成三角形或圆形，里面放梅子、烤鱼肉、“鳕子”（たらこ／tarako，鳕鱼子），外层用海苔包裹。这是日本人郊游或赏花时最普遍的携带食品之一，相当于西方人的三明治。

“寿司”（すし／sushi）是日本料理的代表之一，也是握饭的一种，出现于江户时代。寿司种类也很多，有“卷寿司”（まきずし／makizushi）、“押寿司”（おしずし／oshizushi）等，最普遍的是在握成长方形的醋饭上加入新鲜鱼肉、贝类。

现代日本人的早餐通常是面包、荷包蛋、咖啡、牛奶、红茶，中午吃面食，晚餐才是米饭。上班族午餐在公司食堂、餐厅内吃，小学、中学生则在学校吃“給食”（きゅうしょく／kyushoku，营养午餐），高中生是带“弁当”（べんとう／bento，盒饭）到学校教室吃，或在学校食堂内吃各种简易午餐、“定食”（ていしょく／teishoku，套餐）。晚餐回家吃西洋料理、中华料理、日式料理。

日本家庭餐桌上的菜肴变化多端，并非每天只吃日本料理，大概是中国菜、西洋菜、日本菜“三分天下”吧。某些西洋菜更被同化为日本味，另有许多只能在日本吃得到的洋风料理。至于寿司、天妇罗这类在外国人眼中是日本料理代表的饭菜，反而在餐馆才比较常见。

➢ 寿司

丼物（どんぶりもの / donburimono）

日本人吃饭时，与其他以米饭为主食的民族一样：用小碗盛饭，米饭旁是一碗汤，面前则是菜肴。不过也有用大碗盛饭的例子，正是“丼物”（どんぶりもの / donburimono），也就是盖饭。

大碗底下盛白饭，上面搁各种菜肴，代表性的菜肴是“天婦羅”（てんぷら / tenpura，天妇罗）、炸猪排（とんかつ /

▶ 牛肉盖饭

tonkatsu）、“鳗”（うなぎ／unagi，鳗鱼）、鸡肉、鸡蛋、牛肉，以及鲔鱼（まぐろ／maguro）之类的“刺身”（さしみ／Sashimi，生鱼片）。吃盖饭时，通常另外加一碗汤和一小盘酱菜便足够了。

天妇罗也是日本料理的代表之一，主要材料是鱼类、贝类、蔬菜，裹上用水调过的面粉再炸成天妇罗。吃时蘸盐或调味汁。由于天妇罗必须现炸现吃，而且需要一点技巧才能炸得香脆可口，因此除非家里有专精于烹调技术的人，否则一般家庭都到日本料理餐厅吃。“天丼”（てんどん／tendon）就是在米饭上搁天妇罗的丼物，是最具人气的大众盖饭之一。

炸猪排（とんかつ／tonkatsu）是明治时代初期传进日本的西洋料理之一，源自法国料理的 pork cutlet，日本人将这种

▶ 鳗鱼盖饭

➢ 海鲜盖饭 / photo by © Tomo.Yun

猪排裹上面粉再用奶油煎成。另外，当时还有一种裹上面包屑再煎成的猪排，后来大概将这两种烹饪法合而为一，变成在猪排上裹上面粉、鸡蛋液、面包屑煎成，成为日本本土化的西餐之一。

19 世纪 90 年代，不知是谁把天妇罗的炸法应用在煎猪排上，于是日式炸猪排（カツレツ / katsuretsu）便由此诞生。不过同样是炸肉，关西人惯用牛肉，关东人几乎都是用猪肉。而在炸猪排一旁添上一小堆卷心菜（キャベツ / kyabetsu）丝的创始者，则是位于东京银座的西餐馆“煉瓦亭”。

把炸猪排搁在米饭上的盖饭便是猪排盖饭（かつどん / katsudon），另外还有一种猪排咖喱饭（カツカレー /

▶ 天妇罗盖饭

katsukare），这些都已经成为日本家常菜之一。

不过，在关西地区很难找到专营炸猪排的餐馆，关西人甚至连咖喱饭都用牛肉。总之，关东人只要提到“肉”（にく／niku），指的是猪肉（ぶたにく／butaniku），关西人则意谓牛肉（ぎゅうにく／gyu-niku）。有趣的是，关西以西的九州人跟关东人一样，所谓“肉”就是猪肉。

这是关西地区饲养牛的历史比关东悠久所致，滋贺县、三重县、兵库县均是在江户时代便已闻名全国的牛肉产地，于明治时代开港的神户又聚集了很多西洋人，因此当时神户的牛肉消费量位居日本全国之首。

至于九州，是在江户时代初期自中国台湾、冲绳引进猪饲育法与烹调方式，才形成猪肉饮食文化圈。而九州有个萨摩藩

（今鹿儿岛县），萨摩藩正是推翻德川幕府的主导国，因此随着明治新政府的创立，众多萨摩藩武士阶级前往东京成为政府要人或公务员，也顺道带去了猪肉饮食文化。

▶ 猪排盖饭

面类（めんるい / menrui）

日本传统面食是乌冬面（うどん／udon）和荞麦面（そば／soba）。乌冬面的原料是面粉，荞麦面的原料是荞麦粉；前者是关西人的最爱，后者是关东人的专属。夏天吃凉面、炒面，冬天吃汤面，再加上原本传自中国，经日本人加工后又出口的拉面（ラーメン／ra-men），以及加工方法传自中国的“素麺”（そうめん／so-men，龙须面），还有原本是意大利面条，又被日式化的和风 spaghetti……这些养成了日本人几乎三餐中必有一餐是面食的饮食习惯。

➤ 乌冬面

用面粉和水加工制成食品的制法，在 8 世纪奈良时代便自中国传到日本，历史最久的正是“素麵”。“素麵”又分两种，一种是比较细的“そうめん / so-men”，另一种则是比较粗的“ひやむぎ / hiyamugi”。二者均为凉面，味道差不多，只是面条有粗细之分。乌冬面正是由“素麵”演变而成。

而荞麦则由于在贫瘠、寒冷地区也能生长，因此日本自古以来便有荞麦料理，不过古代人吃的是“そばがき / sobagaki”，就是用热开水泡荞麦粉吃。日本战国时代的丰臣秀吉就非常喜欢吃这道荞麦料理。现代日本某些荞麦面老铺子仍会提供这道老面食。

荞麦粉变成荞麦面是 16 世纪后期至 17 世纪初期，有人想出在荞麦粉内加上面粉揉成面条的方式，起初只是稍微煮一下

➢ 荞麦面

再用蒸笼蒸熟，蘸酱油或萝卜泥吃。现代的“笊荞麦”（ざるそば／zarusoba，凉荞麦面）都用笊篱或竹笼当容器，正是往昔用蒸笼蒸熟食用方式的遗痕。

我旅居中国河南省郑州市时，市面上有卖荞麦面，我记得当时的留学生经常买荞麦面回来做成“笊荞麦”。荞麦面的颜色比普通面条深，看上去似乎不怎么好吃，不过荞麦花很可爱，白居易就曾写过一首《村夜》：

霜草苍苍虫切切，村南村北行人绝。
独出门前望野田，月明荞麦花如雪。

另有一种面食是“水团”（すいとん／suiton，水团），制法

➢ 笊荞麦

▶ 拉面

▶ 锅烧乌冬面

很简单，就是以面粉和水再撕成面团，放进汤汁内煮熟。水团在江户时代和二战前算是日本的大众点心之一，但是二战后由于粮食短缺，出现许多只在热开水中放进面团的路边摊，味道很难吃，导致二战后成长起来的日本人一提起水团便会皱眉。不过，我个人是蛮喜欢吃水团的，一则制法简单，二则汤汁可以做成日式的鲣鱼酱油汤，也可以做成中式的猪骨或鸡骨汤，一“团”两吃，既简单又好吃。

其他面食还有“御好烧”（おこのみやき／okonomiyaki，中国台湾统称大阪烧）和“蛸烧”（たこやき／takoyaki，章鱼烧）。据说大阪烧是16世纪的茶人千利休发明的，后来又衍生出章鱼烧。千利休起初用面粉和水，再于铁板上烤成薄片，涂上味噌卷起后当茶点，跟中国的春卷有点类似。

18世纪左右，江户人发明出“文字烧”（もんじゃやき／monzyayaki），把和了水的面粉放在铁板上边画圈圈边烤边吃。明治时代至昭和时代前期，又在文字烧内加入甘蓝、葱、肉片，由于客人可以随兴加配料，才称为“御好烧”，按自己喜好随意烤的意思。

➢ 文字烧

二战后，御好烧被传到大阪，结果凡事好讲排场、阔气的大阪人嫌关东御好烧

太小气，于是又加入乌贼、虾、牛肉等配料，这样还嫌不够花哨，干脆再洒上红姜丝（べにしょうが / benisyo-ga）、柴鱼丝（かつおぶし / katsubushi）、青海苔（あおのり / aonori）、沙拉酱（マヨネーズ / mayone-zu），红、黄、绿、白各色齐全，色彩鲜艳，接着发明出独特的甜酱，就成为现今的大阪烧了。之后大阪烧又被传到广岛，广岛人再加入炒面、鸡蛋，又衍生出今天的广岛式御好烧。

章鱼烧则起源于兵库县明石，起初是用面粉拌鸡蛋，里面塞入章鱼烤成丸子，再蘸配料吃，后来大阪人又浇上甜酱，成为今天的章鱼烧。根据记载，章鱼烧是 20 世纪 60 年代初传进东京，70 年代以后才普及的。

➤ 章鱼烧

鍋料理（なべりょうり / naberyo-ri）

“鍋料理”就是火锅，种类多得数不胜数。火锅大概是最省事的料理，只要准备好材料，人数多寡都无所谓，寒冬时节呼朋引伴到家里来吃火锅，保证可以宾主尽欢。

但是火锅有个缺点，便是不能孤家寡人去吃。也不是说单独一人不准进餐厅吃，而是那种氛围会令人觉得一个人吃很寂寞。不信的话，各位在日本自由行时可以随便找家和式餐厅进去试试看，我敢说，几乎每家餐厅的火锅料理都是二人份起。

日本某些餐馆很奇怪，明明没有注明“不准女子单独进入”，事实上却又会令女子望而生畏。例如山田乌冬面（やまだうどん／yamada Udon）连锁店、吉野家（よしのや／yoshinoya）的“牛丼”（ぎゅうどん／gyu-don）连锁店、韩式烤肉店（やきにく／yakinikuya）、“居酒屋”（いざかや／izakaya），等等。

“山田乌冬面”的客人本来就锁定在开大卡车的“運将”（うんちゃん／unchan，司机）身上，女子不敢进入是人之常情。牛丼屋最初兴起时，客人都是单身男子，女子会怯场也情有可原。至于韩式烤肉店，据说发源地的韩国女子通常也不会单独一人进去吃，更别提日本女子了。不过，上述三种餐厅，我都曾经单独一人闯过关，老实说，四周的眼光确实会令人食不甘味。

居酒屋虽然有一人份火锅的食谱，遗憾的是，至今我仍然提不起勇气去当居酒屋内的巾帼英雄。话又说回来，我在台北曾看过柜台式的火锅店，就是涮涮锅，柜台上一整排迷你型火锅排排坐，看得我目瞪口呆，当下浮上心头的第一个感想是：台北竟然有这种饮食服务，这种火锅餐厅，即便是单独一名女子进去吃也不会乍眼吧？

基于上述理由，每逢北风吹起时，我总是乖乖躲在家里吃“一人鍋”（ひとりなべ／hitorinabe），而且由于餐桌上要搁迷你煤气炉，一顿“一人鍋”吃下来，会搞得满头大汗。不是因为暖气加煤气炉的火气令我汗流浃背，而是必须不时起身挥赶跳上餐桌的猫儿子之一“小流氓”（么儿猫咪），免得它成为那个轰动全日本网络族的 YouTube“猫鍋”（ねこなべ／nekonabe）主人翁。

日式火锅的代表之一是寿喜烧（すきやき／sukiyaki），做法很简单，只要把牛肉、蔬菜、豆腐放入浅口铁锅内，加上汤汁、酱油、砂糖、酒、“味醂”（みりん／mirin，味淋），吃时再蘸打碎的生鸡蛋即可。而把寿喜烧简化搁在大碗白饭内的盖饭正是牛丼。

提到“sukiyaki”，我这个年龄的日本人大概都会联想起已故歌手坂本九唱的那首《上を向いて歩こう》（《抬头往前走》，英文直译是“I look up when I walk”）。这首歌 1961 年轰动全日本，1962 年传到欧洲，先在英国以 *Sukiyaki* 的歌名列入全英唱片销售量前十名，之后又在法国、荷兰、比利时、美国等 70 多个国家畅销，光是在美国的销售量便突破百万张，据说当时全球总计卖出 1300 多万张。

➢ 寿喜烧

美国方面本来打算让坂本九改用英文唱，但后来仍决定用原版日文唱，结果连续四周都是全美排行第一，坂本九于 1964 年获得全美唱片协会（Recording Industry Association of America, RIAA）的金唱片奖。2005 年，这首曲子又在英国以广告插曲形式再度掀起热潮。

而在由已故导演杨德昌执导的电影《一一》（*A One and a Two*，荣获第 53 届戛纳电影节最佳导演奖）中，也出现了这首曲子。当我在电影中听到这首曲子时，不知是基于怀旧还是完全出乎意料，全身汗毛竟然都直竖起来，内心激动不已。

涮涮锅（しゃぶしゃぶ／shabushabu）吃时要蘸带酸味的香橙醋酱油或芝麻酱。而最普遍的火锅料理则是关东煮（おでん／oden），便利商店都有卖。

▷ 涮涮锅

▷ 关东煮

我最常吃的“一人鍋”是“湯豆腐”（ゆどうふ／yudo-fu），没有味道的火烫豆腐蘸上香橙醋酱油，再配上佐料的葱（ねぎ／negi）、柚子（ゆず／yuzu）、萝卜泥（だいこんおろし／daikon oroshi）、“鰹節”（かつおぶし／katsuobushi，木鱼花），真是百吃不厌。嫌豆腐没味道的人可以在“湯豆腐”内加入不太咸的腌鳕鱼块，这样就算不蘸任何调味料也很好吃。

➢ 汤豆腐

鱼（さかな / sakana）

根据资料显示，全球排行前四位的鱼食民族依次是冰岛、日本、葡萄牙、韩国。冰岛人每人平均每天吃 249 克的鱼，日本人是 182 克，韩国人则是 160 克。虽然不知道葡萄牙人每人一天平均吃鱼肉的准确数值，但应该介于日本与韩国之间。我想，至少有 170 克吧。

➤ 鲜鱼 / photo by © 中村人士

日本人的吃鱼数量纵然排行全球第二，媒体仍不时感叹现代日本小朋友已经逐渐“脱鱼入肉”，也就是说，他们宁愿吃麦当劳的汉堡，也不愿吃传统的鱼料理，主要原因是嫌鱼刺很麻烦。

四周环海的日本自古以来便以鱼贝类为主菜，一万年前的绳文时代人更以鱼贝类为主食，考古学家从贝冢遗迹挖出来的鱼贝类，种类非常多。加上 7 世纪以后日本朝廷频繁实施肉食禁令，大和民族因此更偏向鱼食文化。

日文的砧板叫“まないた / manaita”，以前是写成汉字“真菜板”，意思是用来烹调主菜（まな / mana）的垫板。而下酒菜的日文是“さかな /Sakana”（汉字是“肴”），念法跟“鱼”一样，可见鱼贝类在日本饮食文化中占很大比重。

在日本，最常见的鱼贝料理是刺身，根据目前存留的 12 世纪宫廷料理食谱史料，便有刺身这道菜。就是将生鱼肉切成一片一片蘸酱油、姜泥、山葵（わさび / wasabi）吃。“sashimi”已经成为国际用词，英语圈的鱼市场或鱼店都将可以生吃的鱼类统称为“sashimi quality”。

➤ 刺身 / photo by © 中村人士

生鱼片既然是用切的，为什么叫刺身呢？据说在武士阶级中，“切”这个字很不吉利，代表一旦拔刀，不是你死就是我亡，因此才称为“刺身”。不过现代日文也有“切身”（きりみ／kirimi）这个词，就是切成块状的鱼类或片状、块状的肉类。“刺身”一旁添加的萝卜丝或紫苏、海藻，统称为“つま／tsuma”（汉字是夫妻的“妻”）。

平安时代，由于京城距离大海比较远，而且冷藏、冷冻技术也不发达，因此淡水鱼比海水鱼高级，其中鲤鱼（こい／koi）是鱼中之王。14、15 世纪才扭转其地位，海水鱼鲷鱼（たい／tai）成为鱼中之王，现代日本每逢婚礼或喜事、庆典时，仍有送出整尾烤鲷鱼的习惯，因为“たい／tai”跟“めでたい／medetai”（可喜、可贺、吉庆）发音类似。

➢ 烤秋刀鱼

到了江户时代，由于江户（东京）紧临大海，海水鱼更跃升为主菜。不过当时的人比较喜欢鲷鱼、比目鱼等“白身鱼”（しろみ / shiromi），视鲭鱼（さば / saba）、秋刀鱼（さんま / sanma）等“青鱼”（あおざかな / aozakana）为下等鱼，鲣鱼（かつお / katsuo）或鲔鱼（まぐろ / maguro）之类的则被称为“赤身鱼”（あかみ / akami）。现代高级刺身中鲔鱼脂肪部位的“とろ / toro”，在当时都被视为废物而丢掉或红烧，可见饮食文化也有荣枯盛衰。

野菜（やさい / yasai）

“野菜”（やさい／yasai）泛指蔬菜类。古代日本人吃的蔬菜以款冬花梗（ふき／fuki）、水芹（せり／seri）、土当归（うど／udo）、山芋（やまいも／yamaimo）、竹笋（たけのこ／takenoko）、蘑菇（きのこ／kinoko）、牛蒡（ごぼう／gobou）等为主，其他便是现代日本人口中的山菜（さんさい／sansai），例如蕨（わらび／warabi）、虎杖（いたどり／itadori）、八角金盘幼芽（たらのこ／taranome）、“蘩蒌”（はこべ／hakobe，蒌蒿）等野生植物，因此即便现代日本有各式各样的蔬菜，仍习惯将所有蔬菜统称为“野菜”。

3 世纪的中国古籍《魏志倭人传》中便记载着古代日本邪马台国“有姜、橘、椒、蘘荷，不知以为滋味”。这是有关日本蔬菜饮食最早的记录。8 世纪以后，逐渐出现了芜菁（かぶ／kabu）、白萝卜（だいこん／daikon）、葱（ねぎ／negi）、韭菜（にら／nira）、茄子（なす／nashu）、芋头（さといも／satoimo）、莲藕（れんこん／renkon）、瓜（うり／uri）等蔬菜，均是传自中国大陆。

其中，葱更将日本两大宗教的神道教与佛教一分为二。神道教对葱极为尊重，认为葱能够避邪，而且生命力非常强，具有灵力。

举例来说，往昔日本天皇乘坐的轿子有两种，一是“鳳輦”

▶ 白萝卜／photo by © 今井真树子

▶ 茄子／photo by © 今井真树子

（ほうれん／ho-ren），另一便是“葱花辇”（そうかれん／so-karen）。1989 年 2 月 24 日举行昭和天皇大丧时，昭和天皇的御灵柩正是用“葱花辇”抬进斋坛。

其他如神社柱子、屋顶、桥栏杆柱子上的珠子等，虽然美其名曰“擬寶珠”（ぎぼうし／gibo-shi），看似源自佛教，其实都是日本神道信仰葱花灵力的一种象征，是自“葱帽子”（ぎぼうし／gibo-shi）的发音演变而来。反之，佛教则将葱列为五荤之一，认为食之会令人发淫、多欲。

有关葱花的宗教典故，有个很有趣的小故事。话说明治维新时风行“废佛毁释”（はいぶつきしゃく／haibutsukishaku），就是要废掉把神社与寺院混在一起的江户风俗，彻底排斥佛教，重新推举神道为国教。结果当时的京都府知事误以为拟宝珠是佛教象征，于明治十一年（1878 年）将五条大桥的拟宝珠全部拆掉。

两年后，明治天皇巡视全国路经京都时，发现拟宝珠全消失无踪，大怒之下命知事悉数复原。当时的知事是慎村正直，

▶ 日本武道馆屋顶的拟宝珠

原本是长洲藩（山口县）下级武士，可能因为出身是下级武士，不懂得拟宝珠之于神道教是一种神圣象征吧。

此外，织田信长统一日本全国的战国时代，欧洲正值大航海时代。织田除了引进了“火縄銃”（ひなわじゅう／hinawazyu，火绳枪），还积极引进了胡萝卜（にんじん／ninjin）、番茄（トマト／tomato）、南瓜（かぼちゃ／kabocha）、辣椒（とうがらし／to-garashi）、蚕豆（そらまめ／soramame）、西瓜（すいか／suika）、菠菜（ほうれんそう／ho-renso）等各式外来蔬菜。

织田信长在建筑安土城时，也建造了庞大的药草园，园内药草种类多达 3000 多种，除了真正的药草，其他就是自中国和西域进口的舶来品蔬菜。至于马铃薯（じゃがいも／jagaimo）、蕃薯（さつまいも／satsumaimo）则是在战国末期才传入日本。

番茄和甘蓝（キャベツ／kyabetsu）直至明治时代一直被当成观赏用植物，洋葱（たまねぎ／tamanegi）最可怜，因为味道独特，外观也不美，始终无人问津。而现代日本人餐桌上不可或缺的盐渍大白菜（はくさい／hakusai），据说是明治时代日俄战争以后才传入日本的，算是后来居上的蔬菜之一。

生菜沙拉（サラダ／sarada）的历史最短，是 20 世纪 60 年代以后才普及于全日本各个家庭餐桌上。或许正因为以前蔬菜文化不发达，日本人的海草（かいそう／kaisou）饮食文化才能独步天下，每样海草都利用得很彻底。

近几年来，日本超市蔬菜专柜上，规定每一种蔬菜都要注明生产地（或进口国名）。最近流行的是在蔬菜柜前或包装蔬菜的透明玻璃纸上，另外贴上生产者简介和照片，表示该蔬菜是由某地某人精心栽培的。我在挑选蔬菜时，通常会注意生产地，也就是说，尽量挑选本地生产的蔬菜，这样，不但可以买到当天清晨收获的新鲜蔬菜，也算是为阻止地球变暖的全民活动尽一点绵薄之力。

渍物（つけもの / tsukemono）

“渍物”（つけもの／tsukemono）就是中文的腌菜、咸菜、酱菜，又名“御新香”（おしんこ／oshinko），在日本是几乎每餐都会出现在餐桌上的副食之一。和食（わしょく／washoku）派的日本人，早餐只要有热腾腾的白饭和味噌汤、“渍物”，便能心满意足。因此对日本人来说，“渍物”也可以说是故乡的味道、母亲的味道、祖国的味道。

欧洲人称“渍物”为“ピクルス／pickles”，自古希腊、古罗马帝国时代起即为家庭手制料理之一，明治时代初期才传入日本。中国则于周朝便开始制作腌菜，当时称为“菹”。据《诗经·小雅·信南山》记载：“中田有庐，疆场有瓜。是剥是菹，献之皇祖。”宋朝陆游一首雪夜诗里也提到：“菜乞邻家作菹美，酒赊近市带醅浑。”而日本有关渍物的最早文献记录则是 8 世纪奈良时代。

在日本，最常见的渍物大概就是“澤庵”（たくあん／takuan，淹萝卜）。泽庵是人名，他是江户时代一位名叫泽庵宗彭的临济宗僧侣，曾任京都禅宗寺院大德寺住持。为什么渍物的名称会冠上他的法号？据说“泽庵渍”这种用米糠、盐水腌制的方法是他发明的，但这只是一种民间传说，实际上是由“贮渍”（たくわえづけ／takuwaezuke）的发音演变成“たくあん／takuan”，后来才被冠上泽庵的法号。

➢ 泽庵

➢ 糠渍 / photo by © Watao

另一种日本代表性“渍物”则是“糠渍”（ぬかづけ / nukazuke），主要原料是米糠，各种蔬菜都可以腌。只是米糠容易腐坏，必须每天搅拌，夏季气温高时，甚至每天早晚都要各搅拌一次。好在现在超市有卖现成的“糠床”（ぬかどこ / nukadoko），制法比较简单。

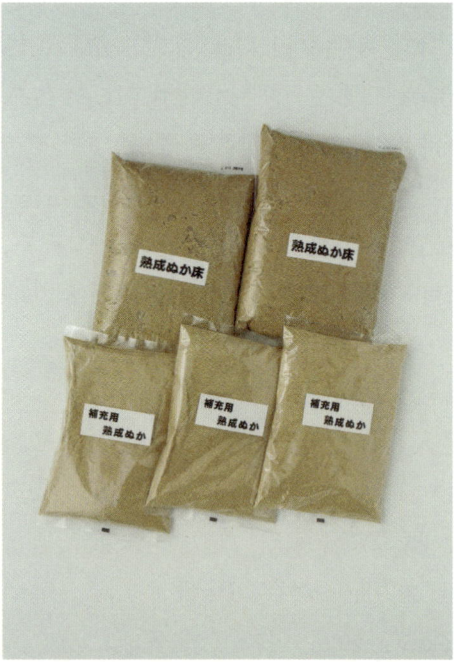

➢ 糠床

京都最有名的“渍物”是“千枚渍”（せんまいづけ / senmaizuke），这是将芜菁（かぶ / kabu）切成薄片，用昆布、辣椒、甜醋腌成的传统酱菜。据说京都本来便有芜菁渍物，但幕

府末期天皇御所的御厨大黑屋藤三郎又将其改良成形状优雅、色香味俱全的宫廷料理之一，这便是目前常见的“千枚渍”。

还有一种“福神渍”（ふくじんづけ / fukujinzuke），是将七种蔬菜切成碎片，用酱油、砂糖、味淋腌成的大众酱菜。这是东京上野渍物老铺“酒悦”第十五代主人于明治十九年（1886年）研发出的产品，基本材料是茄子、萝卜、芜菁、土当归、刀豆、紫苏、香菇。由于是七种材料，便跟七福神搭配，取名为“福神渍”。

发明者本来打算将其塑造为东京名产之一，但起初默默无闻，无人青睐。不料在明治二十七八年中日甲午战争那时成为军粮之一，士兵们吃了后，口耳相传，最后成为全国性代表渍物之一。

➢ 山药渍

到了大正时代，日本的欧洲周游航路客轮在头等舱食堂的咖喱饭一旁，添加了福神渍，之后它便成为日本咖喱饭的必备酱菜之一。现代日本的咖喱专卖店通常会另外添加一盘有五六种渍物的容器，让客人按自己的口味自行取用。

就我个人来说，我比较喜欢吃“糠渍”（ぬかづけ／nukazuke）酱菜，因为明明是各种蔬菜同睡一张“床”，但是自糠床取出切成片状吃时，无论是黄瓜、萝卜、茄子、芜菁……各种蔬菜均仍保有天然风味，清淡可口，吃再多也不会嫌腻，用来当下酒菜是最好不过的了。

我想，倘若有人想送见面礼给日本人，与其送茶叶或其他东西，不如送一包当地特产的酱菜，如此或许可以令对方更觉惊喜。不过，千万不要送榨菜和冬菜，因为这两种酱菜在日本一般超市都买得到。

➢ 腌梅子／photo by ©田村佑辅

怀石料理（かいせきりょうり / kaiseki ryo-ri）

所谓“怀石”（かいせき／kaiseki），指的是禅僧于冬天为了取暖而塞在怀中的热石头。当然，光一块小石头是无法让全身暖和起来的，因此“怀石料理”的量也很少，不是用来充饥的料理。主要是请客人到茶室享用“茶湯”（ちゃのゆ／chanoyu）、茶道（ちゃどう／chado，さどう／sado）时，点茶

▶ 怀石料理

（てんちゃ／tencha）之前送出的简单料理。

茶道的基本精神是佛教禅学，一切以简素为宗旨，因此怀石料理原本也排斥荤菜，以素食为主。不过现代的怀石料理早已脱离禅学精神，不再拘泥于简素、素食，变成以味道为主的豪华套餐。所以真正茶会上的料理被称为“茶怀石”（ちゃかいせき／chakaiseki），一般料亭（りょうてい／ryo-tei）的日式豪华套餐则被称为“怀石料理”。

料亭（りょうてい／ryo-tei）是高级日本料理餐厅，整体以传统日式建筑为主，而且一定有令人赏心悦目的日式庭园，房间也都是榻榻米房的“個室”（こしつ／koshitsu，单间房）。由于每家料亭的怀石料理都不同，因此对料亭来说厨师非常重要。此外，料亭也可以代客人请艺伎来表演。

不过，料亭极为重视传统与格式（かくしき／kakushiki，礼数、规矩等），不接受“一见客”（いちげんきゃく／ichigen kyaku，初次来的客人），即必须有熟客介绍，而且一定要事先预约，因为毕竟高级料理，通常于数日前便开始准备食材了。由于价格非常昂贵，料亭的主要顾客是政治家、大企业经营者、知名金融界人物或财团法人。

因为料亭必须具备日本庭园以及日式建筑、榻榻米房等诸多条件，所以即便在东京，真正的料亭也只有 60 家左右，京都更少。

像我这种一辈子大概没机会跨进料亭的庶民阶级，想吃正宗的日本料理时，只能利用旅游时预约比较高级的日式旅馆，在晚餐时便可以吃到怀石料理，或者就到“割烹”（かっぽう／kappo）料理店享用。“割烹”相当于大众料亭，但是价格也不便宜。

另一种是“会席料理”，发音跟“怀石料理”一样，这是在仪式、筵席中供应的正统日本料理。“会席”本来指俳谐、连歌筵席，适合边饮酒边吟诗作对的聚会料理，这也是一套多达十几、二十几道菜的套餐。不过，无论怀石料理或是会席料理，每道菜都是兼具视觉和味觉享受，量都很少，不像中国菜那般分量十足。

而根据个人在日本国内四处旅游的经验，我发现现今的高级日式旅馆通常已将怀石料理和会席料理混在一起，没什么分别了。就我个人来说，反正只要好吃，管他什么“怀石”或“会席”，通通上桌吧。

前面既然提到料亭的关键人物是厨师，那就顺便介绍几个有关厨师的名词：

板前（いたまえ／itamae）：厨师总称。

板場（いたば／itaba）：厨房。

花板（はないた／hanaita）：厨房内最高负责人，主厨、大厨。

煮方（にかた／nikata）：负责红烧类煮菜的厨师，通常“煮方”以上的人才有资格被称为“板前”。

焼方（やきかた／yakikata）：负责烧烤食物的厨师。

揚場（あげば／ageba）：负责油炸食物的厨师。级别跟烧方差不多。

坊主（ぼうず／bo-zu）：又称“追廻”（おいまわし／oimawashi），就是打杂的，也负责装盘和摆盘的基本工作，在厨房内算是地位最低的见习工或学徒。

和菓子（わがし / wagashi）

“和菓子”（わがし / wagashi）是以日本传统制法制作的甜点总称。明治时代以后传进来的西洋甜点（如蛋糕、巧克力、饼干、冰淇淋之类的）则被称为“洋菓子”（ようがし / yo-gashi）。传统茶会上喝抹茶时搭配的点心必定都是和果子。

和果子很注重四季的风花雪月，春季时要令人联想到樱花盛开的光景，夏天则要令人感觉凉爽，秋季利用色彩让人眼前浮出枫红景色，冬天便是茫茫雪景。而每逢节日又有专用甜点，种类多得难以计数。

➤ 和果子 / photo by © MR+G

平安时代的日本没有砂糖，日本是到17世纪才有国产砂糖，在这之前，砂糖是进口品，而且是贵重药品，因此平安人平时吃不到甜点。

但想吃甜点的欲望还是有。吃不到，欲望反而更强烈。能满足平安人的甜点欲望，便是甘葛。甘葛是取自蔓草的一种天然甜味剂，秋冬时从蔓草挤出汁液，再熬煮浓缩，就是砂糖代用品。

平安时代的才媛清少纳言在《枕草子》的《优美且上品的东西》一文中提到“浇上甘葛，然后放进崭新金属碗内的碎冰”，这正是现代的刨冰。当时日本宫廷有保存冰块的冰室，而清少纳言是皇后身边的女侍，理所当然也就时常有机会吃到庶民无法入口的东西。

这位才媛又在《打发无聊的东西》一文中提到“果物”。“果物”在当时是指甜点。看来，无论古代或现代，女人爱吃甜

➢ 能传达四季感受的和果子

点是一种定律。不过，清少纳言将“甘葛加碎冰”列为“优美且上品的东西”，而将“果物”列为“打发无聊的东西”，可见在当时碎冰肯定比甜点贵重。

美国外交官首任驻日公使哈里斯（Townsend Harris，1804—1878）于1856年到日本静冈县下田市赴任，两年后完成《日美修好通商条约》。为了缔结条约，哈里斯于前一年前往江户晋见第十三代将军德川家定（とくがわいえさだ／Tokugawa Iesada）。

哈里斯于10月7日出发，下田“奉行”（ぶぎょう／bukyo，市长）派了350人随行，14日抵达江户。第二天，将军便遣人送来一盒礼物给哈里斯。哈里斯在日记上写道：“打开一看，里面是用砂糖、米粉、水果、胡桃等材料制成的日本甜点，盛在四层盒子内。每一层都装饰得很美，无论形状、色彩、装饰，都美轮美奂……我很遗憾无法把这些甜点送回合众国。”

原来，将军送的见面礼正是四层容器的和果子。而根据幕府方面的官方纪录《嘉永明治年间录》，盒子是丝柏制四层木盒，宽45厘米，长39厘米，每一层都盛有四五排不同种类的和果子，价格为65两。当时的一两可以买六斗米，可见和果子非常昂贵。

我个人比较喜欢吃和果子，尤其是配上有点涩又有点苦的抹茶（まっちゃ／mattcha），非常可口。蛋糕或巧克力那类西洋甜点，我比较少吃，嫌味道太甜。可是我喝咖啡或红茶时，却又要加很多糖才喝得下，真是奇怪。

不过日本文豪森鸥外的口味比我更怪。根据森鸥外的长女森茉莉所写的散文，森鸥外生前很喜欢把豆沙包掰成四块，再

▶ 今日常见的和果子

▶ 抹茶和果子 / photo by © MR+G

把 1/4 个豆沙包放在白饭上，浇上煎茶（加工绿茶）当成“茶漬”（ちゃづけ / chazuke，茶泡饭）吃。次女小堀幸奴也曾在散文中提过这件事。

由于我没试过，不知道是什么味道，但是森茉莉陪父亲吃过，她说：“味道很清淡，出乎意料地好吃。”

各位看官，有人想试试吗？

日本酒（にほんしゅ / nihonshu）

日本酒就是清酒（せいしゅ／seishu），口语中普遍都简称“酒”（さけ／sake）或“おさけ／osake”，佛教和尚之间的“隐语”（いんご／ingo，行话、黑话）则称为“般若汤”（はんにゃとう／hannyato-）。原料是米（こめ／kome）、“米麴”（こうじ／ko-ji）、水（みず／mizu）。由于日本料理流行至欧美诸国，现今“Sake”也成为国际通用词。

日本全国各地都有酿酒厂，基于各地生产的米、水质、酿造法均不同，味道也各异其趣，因此称为“地酒”（じざけ／jizake）。无论是大量生产的全国性品牌清酒，还是只能在当地才喝得到的地酒，酒精浓度都在 15% 左右，对女子来说不算是烈酒。

喝酒时的酒温也因四季而异，夏天喝常温的冷酒（ひや／hiya），冬天喝 50 摄氏度左右的“热燗”（あつかん／atsukan），春秋二季喝 40 摄氏度上下的“温燗”（ぬるかん／nurukan）或 37 摄氏度的“人肌燗”（ひとはだかん／hitohadakan）。其他还有 10 摄氏度左右的“花冷”（はなびえ／hanabie），或 5 摄氏度左右的“雪冷”（ゆきびえ／yukibie）。总之，没有规则，你爱怎么喝就怎么喝。

一般清酒没有特定名称，这些大量生产的清酒通常又加上

➤ 喝日本酒的酒温随四季而异

酿造酒精、糖类、化学调味料等辅料，因此虽然每种清酒都有商品名，却只能被列为“普通酒”（ふつうしゅ／futsu-shu）。而所谓“特定名称酒”指的是“纯米酒”（じゅんまいしゅ／junmaishu）、“吟醸酒”（ぎんじょうしゅ／ginjo-shu）、“本醸造酒”（ほんじょうぞうしゅ／honjo-zo-shu）三种，即原料、制法都要达到规定标准的清酒。其中“大吟醸酒”（だいぎんじょうしゅ／daiginjo-shu）算是最高级的清酒。

不过，酒本来便是个人嗜好品，并非高级就一定合自己的口味。根据我长年喝清酒的经验，我比较喜欢储存五年以上的古酒（こしゅ／koshu）。但是名牌古酒很贵，一瓶 720 毫升的古酒，倘若没数错一个 0，价格往往都在两三万日元以上，只能偶尔在元旦买来喝。

▷ 清酒

很会喝酒的人被称为“上户”（じょうご／jo-go），反之，不会喝酒的人称为“下户”（げこ／geko）。据说古代飞鸟时代的大宝律令（701年）户籍法，将老百姓分为大户、上户、中户、下户四阶层，以劳动人口的成年男子数区分各个门户的贫富差异。上户大约有六七名成年男子，下户则是三名成人男子以下，因此婚礼时所需的酒量便不同，上户是八瓶，下户是两瓶。镰仓时代的兼好法师所著的《徒然草》中也记载了此事，这两个词一直沿用至今。

而“上户”族又被分为“笑上户”（わらいじょうご／waraijo-go）、“泣上户”（なきじょうご／nakijo-go）、“怒上户”（おこりじょうご／okorijo-go）。看字面便知道“笑上户”是喝醉后笑个不停的人，“泣上户”是喝醉后很爱哭的人，“怒上户”

则是喝醉后动不动就发怒的人，均是贪杯君子发酒疯时的形态。

喝酒之人很喜欢一家一家地串门子，日本人称为“梯子酒”（はしござけ／hashigozake），英国人说成“pub-crawling”，美国人则称之为“bar-hopping”。这个好玩，表示日本人是一层一层爬梯子，爬得越高表示喝得越醉；英国人在地面用爬的，爬得越远表示喝得越醉；美国不愧是高科技国家，干脆三步并成两步又蹦又跳。

形容酩酊大醉的样子，日文是“泥醉”（でいすい／deisui），这个词显然是汉语词汇。君不见不但李白“三百六十日，日日醉如泥”，白居易也“穷愁自要醉如泥”，连李商隐也要来个“寒暄不道醉如泥”，欧阳修也是“尊前莫惜醉如泥”。而据说中国古代诗词中的“泥”，指的是南海某种在水中则活、失水则醉的无骨虫。

曾经尝过宿醉苦头的人都知道，酒醉醒来后的第一件事就是想喝水。而且宿醉时喝的水犹如八功德水：一甘、二冷、三软、四轻、五清净、六不臭、七饮时不损喉、八饮后不伤肠。

这绝不是我在夸大其词，日本平安时代的才媛清少纳言于千年前在《枕草子》中就说过：“半夜醒来时喝的水，真是沁人心脾。”大概只有“酒鬼”才能理解这句话的意思吧。

另外有一种没有经过过滤和高温杀菌处理的清酒，被称为“濁酒”（どぶろく／doburoku），有白色的酒糟、酒曲等沉淀物。酒精度数跟清酒差不多，但有甜味，适合女性喝，喝起来像甜的饮料，不过女孩子切勿掉以轻心，否则会醉得被人抬着走。

“浊酒”一词源自中国，《三国演义》第一回中就有：“一壶浊酒喜相逢，古今多少事，都付笑谈中。”《儒林外史》第一回中也有：“浊酒三杯沉醉去，水流花谢知何处？”李叔同也曾吟过：“一杯浊酒尽余欢，今宵别梦寒。”

浊酒是在日本庆长年间（1596—1614）因偶然事件而变成清酒。据说兵库县伊丹（いたみ／itami）市（大阪市的卫星城市）有家名为“鸿池酒屋”的酒铺，铺子内有位“杜氏”（とうじ／to-ji，酿酒人）因对主人怀恨在心，一天逃离酒铺，离开前偷偷在酒桶内抛入火盆内的炉灰。结果浊酒变成清澈的清酒，反倒令酒铺主人成为富商。

提到“浊酒”，我喝过韩国的“浊酒”，味道跟日本浊酒差不多，都很好喝。但是对某些“酒鬼”来说，因为“浊酒”有甜味，只能视为真正要喝酒前的暖身酒，之后再换成清酒。至

➤ 浊酒

➤ 啤酒

于啤酒（ビール／bi-ru），在日本通常被当作正式喝酒前打招呼干杯时的应酬酒，先共同举杯，碰杯喝一口或一杯，然后就随意点自己平日习惯喝的酒。

「衣」

着物（きもの / kimono）

“着物”（きもの／kimono）便是日本传统服装。现代日本人都只在一生中必定参与的特别仪式中才会穿日本传统服装，例如新生儿满月时全家人抱着婴儿到神社参拜的“御宫参”（おみやまいり／omiyamairi）、七五三节（しちごさん／shichigosan）、成人式（せいじんしき／seijinshiki）、婚礼等，平日都穿“洋服”（ようふく／yo-fuku）。

➤ 外出和服

在明治时代出现“洋服”之前，“着物”指的是普通衣服，也就是日本传统服装“和服”（わふく／wafuku）或“吴服”（ごふく／gofuku）。现代日本人口中说的“着物”或“和服”，指的都是传统服装。

“吴服”本来意谓用中国三国时代（魏、吴、蜀）自吴国传至

➢ 振袖

日本的纺织法织出的布匹（主要指丝织品），后来成为所有布匹的总称，江户时代卖布匹或定做衣服的店铺都被称为“吴服屋”（ごふくや／gofukuya）。

女性和服与洋服的最大差别在于，洋服强调胸部（バスト／basuto）、腰部（ウェスト／wesuto）、臀部（ヒップ／hippu）三围线条，和服却是隐藏线条，不但不能露出胸部，大胸脯的女性甚至要压平胸部，而腰部等凹下之处也必须用毛巾填满，让身材成为直筒状。目的在于走动、举手投足时不会让衣服松垮、走样。

不过这是现代人的穿法，以往的日本人穿和服时没有这么麻烦，原因是吴服业界在 20 世纪 70 年代时，为了扳回时代潮流而制订出许多烦琐的规则，最后反倒作茧自缚，令消费者觉得和服既昂贵又难穿，造成只有在特殊仪式或一生中只穿两三次礼服的结果。

举个实例来说，我前夫的母亲是明治时代的人，与我相差 50 岁。她在过世之前，一年四季都穿和服，连睡觉时也穿和式睡衣的“寝巻、寝間着”（ねまき／nemaki，浴衣的一种，腰间绑着简易腰带）。我跟她同住将近三年，每天看她换穿衣服，无论家居服或外出服，动作都非常快，没有现代人穿和服时的繁杂手续。

未婚女性的和服是“振袖”（ふりそで／furisode），这在现代日本也很常见，每年的成人节仪式便可以看得到。“振袖”是袖子长到可以触及裙摆的和服。而已婚女性穿的和服称为“留袖”（とめそで／tomesode），就是只限下半身有花纹的那种；婚礼时则穿“黑留袖”（くろとめそで／kuro tomesode），是黑底、下半身有花纹，并且在背部、袖子、胸前有合计 5 个家纹

▶ 浴衣

▶ 身着浴衣的小狗

的和服。

男性的和服则不分已婚或未婚，一律是“羽織袴”（はおりはかま／haori hakama），也就是说，在男性和服“着流”（きながし／kinagashi）上又穿上一件褶裙裤和外褂。男性家居时最常穿的是“甚平”（じんべい／jinbei）和“作務衣”（さむえ／samue）。

而不管男性还是女性，穿和服时都免不了穿“足袋”（たび／tabi），也就是拇指和其他四趾分开的布袜，以及“草履”（ぞうり／zo-ri）。

夏季和服是“浴衣”（ゆかた／yukata），非常普遍，只要在夏季到日本观光，应该随处可见。浴衣不但穿法简单，价格也很便宜，例如相扑力士在公众场合通常都穿浴衣，外国人到日本观光住日式旅馆时，房间内也会备有浴衣给房客穿，算是最通俗的一种和服。穿浴衣时，无论男女，脚上必定是“下駄”（げた／geta），亦即木屐的一种。

日本人冬天最常穿的家居外褂是“褞袍”（どてら／dotera）、“半缠”（はんてん／hanten），正是中文的棉袄，只是前面没有纽扣，在前襟右下方或中央用带子绑个结而已。夏天祭典时常见的单衣半缠被称为“法被”（はっぴ／happi）。“法被”没有带子，但有束在腰上的腰带。

另外，无论男女穿和服，还是家居服、浴衣、寝卷时，一律是“右前”（みぎまえ／migimae），也就是说，穿时将右边的衣领贴在身上，之后再将左边的衣领贴在右领上。换句话说，穿的人先动用右手，但从观看者的角度看上去，右领在前面，因此称为“右前”。过世的人才穿成“左前”（ひだりまえ／hidarimae）。不过，男性洋服的纽扣是“右前”，女性刚好相反，是“左前”。

为什么和服必须这么穿？而女性洋服的纽扣又为什么是“左前”？有关这一点，众说纷纭，有兴趣的人可以自己查查看，很有趣。不过根据8世纪末完成的《续日本纪》记载，日本朝廷于719年下令衣服一律穿成“右前”。

孔老夫子也曾在《论语》中评管仲曰：“微管仲，吾其披发左衽矣。”意思是说，假若没有管仲，中土人民便会被蛮夷征服，必须“披发”并“左衽”。此处的“左衽”正是日文的“左前”，而日文的“左前”“右前”又称“左衽”（さじん／sajin）、“右衽”（うじん／ujin），可见这种穿法大概在奈良时代之前便自中国传入日本，而那时的中国正值大唐时代。

附带提一句，日文“左前”的另一个意思是倒霉、家道中落、经济不好。

带（おび / obi）

“带”就是腰带的结。桃山时代（1582—1600），丰臣秀吉（とよとみひでよし / Toyotomi Hideyoshi）积极倡导海外贸易，招致许多传教士远渡重洋前来日本这个东方极地岛国。当时日本人见传教士的外袍是以绳子状的带子系住，颇感兴趣，纷纷模仿，日后又受朝鲜传统服装的宽腰带影响，才逐渐演变成今日和服的“御太鼓结”（おたいこむすび / otaikomusubi）。

这种包包状的腰带最初只是将编成绳子状的带子层层缠在身上。这是“名古屋带”（なごやおび / nagoyaobi）与“博多带”（はかたおび / hakataobi）的起源，江户时代才改为宽腰带。

▶ 御太鼓结

和服腰带起初也只有三四厘米宽，后来渐渐加宽，成为今日需折两半缠在腰上的腰带。但这种缠法会隐没女性三围，变成

➢ 腰带／photo by © vero yama

上下一般粗的圆柱形身材，于是女人们便想出在腰带上打结的方法，并尽量让结靠近胸部以强调曲线。

和服腰带的结起初也跟全球所有男性皮带一样，结在正面，打结也很小。不过和服腰带原本的目的就是想引人注目，于是越打越大，最后大到看不到脚趾，走起路来像挺个啤酒肚子。

又因为这样一来反倒行动不方便，江户时代初期，日本女人干脆来个史无前例的服饰“造反”，将腰带打结移到背后，并将西方妇女不可或缺的项链、胸针等装饰品，全部改头换面成为“帯揚”（おびあげ／obiage，腰带上稍微露出来的布料）、“腰締”（おびじめ／obijime，绑在腰带中央的绳子）、“帯留”（おびどめ／obidome，腰绳上的别针）等装饰品。

所以请别小看那个包包，其实很有学问，细看之下，能看出你的出身。穿和服时，通常也不能佩戴闪闪发光的首饰，连手表也不行。

另外，和服下摆的风花水月花纹，走动时会如何摆动、会增添多少女人韵味，都是经过细心研究后才设计出来的。在这些花纹上，又该系上何种颜色、花纹的腰带与绳带，也是一门

▶ “带揚”

▶ 和服下摆

非临时抱佛脚便能掌握的美学。

男性的和服腰带系法比较简单，而女性的和服腰带系法则依和服种类而有别，多达 300 种。

家紋（かもん / kamon）

日本家纹的历史大致可以回溯至千年前的平安时代初期，那时贵族公卿的交通工具是牛车，每逢祭典或宫廷惯例仪式，停车场挤满了一大堆牛车时，会分不清哪辆牛车是自家的。由于牛车上涂了黑漆，贵族们便在黑漆上画上泥金花纹作为辨认符号，这就是家纹的来源，之后延伸至衣服、家具、装饰品等。

▶ 灯笼上的家纹

武士家纹的兴起比较晚，大约在平安时代末期源、平二氏争权之时。当时在战场上为了区别敌我，源氏悬白旗，平氏挂红旗，这习惯一直延续至现代。例如除夕夜现场直播的NHK“红白歌合战”（こうはくうたがっせん / ko-haku uta gassen）、学校的运动会对抗赛、车站前商店街的摸彩活动、祭典帷幕等，都用红、白（こうはく／ko-haku）两色。

商店街的摸彩活动是让消费者摇一个装有红、白珠子的箱子，倘若摇出白色珠子，表示中奖。有些商店街的大奖是国外旅游机票，不可小觑。各条商店街通常在夏天祭典以及过年时举办摸彩活动，不过遗憾的是，我至今从未抽到大奖，顶多抽到 5 盒装的面纸袋或 12 卷一提的卫生纸。

而在源、平两氏的红白旗帜浴血作战中，敌我双方的武将为了证明自己的战绩，又各自悬挂自己的战旗或帐幕，这就是武士家纹的由来。

到了天下太平的江户时代，家纹失去了战争时的实用性，变成辨认门第高低的象征，在庶民间也流行开来。当时的庶民不能公称姓氏，但不代表庶民完全没有姓氏，只是不能在户籍上冠姓而已，平时只得以家纹代用。

➢ 家纹／photo by © Koichi Suzuki

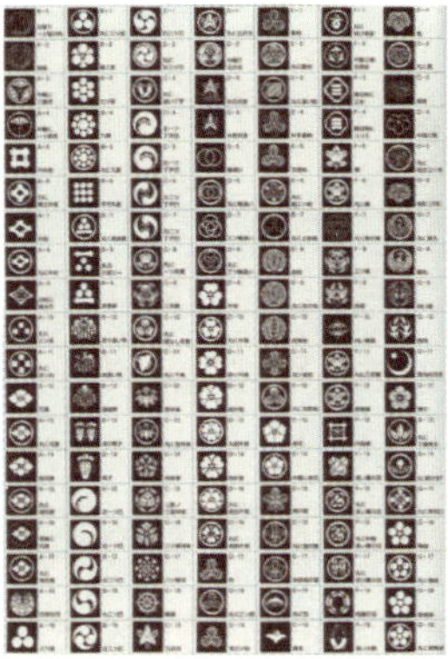

▶ 各式家纹 1

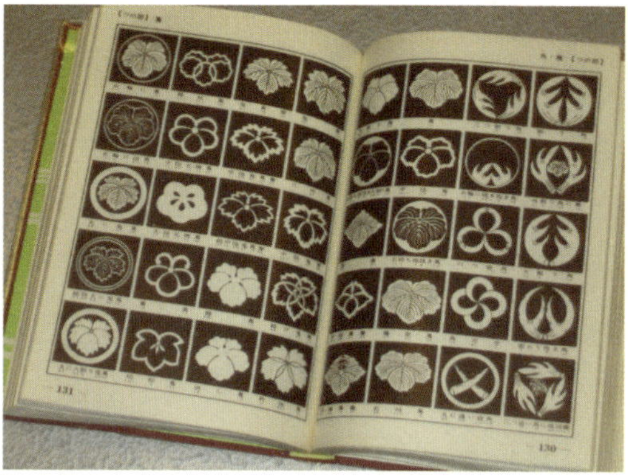

▶ 各式家纹 2

不过，庶民喜欢模仿著名历史人物的家纹，再另外设计出自己的家纹，所以不能因为家纹类似，便误以为对方是织田信长或丰臣秀吉的后代。

明治维新以后，阶级制度瓦解，人人平等，家纹更为流行。但是在昭和时代战败后，欧美文化成为人们向往的文明指标，家纹被蒙上军国主义、封建社会的色彩，逐渐衰落。目前一般家庭只有在正式传统和服或墓碑上才用得到。

日本最有名的家纹是天皇家的“十六瓣八重表菊纹”，此家纹不能乱用，甚至连亲王家也不能用，因为菊花相当于国徽。日本护照上以及国会议员徽章的花纹正是菊花，只是仍与天皇家的家纹有小小区别，是“十六瓣一重表菊纹”。

不过，菊纹有替代纹，就是桐纹，这是往昔天皇家御赐给立功者的徽章。现代日本内阁总理大臣的徽章与 500 日元硬币的图章都是“五七桐花纹”。换句话说，菊纹代表天皇，桐纹代表政府。

▶ 天皇家的家纹

▶ 日本护照上的菊纹

此外，神社和寺院都有其固定的“神纹”（しんもん／shinmon）与“寺纹”（じもん／jimon），而历代都是神官或住持的家族，家纹等同于“神纹”或“寺纹”。

其他还有一种非常特殊的“女纹”（おんなもん／onnamon），主要分布在关西，是一种由母亲传给女儿，再传给外孙女的“母系纹”（ぼけいもん／bokeimon）。这是江户时代中叶兴起的习俗，以濑户内海沿岸为中心，逐渐扩展到西日本而扎根。

因为关东地区是武士社会（武士文化），嫁出去的女儿等于泼出去的水，正如日本有句谚语说道，“女人三界无家也”，凡事都要遵从夫家家风。然而关西地区不同，是商业社会（庶民文化），习惯把儿子送到别家店铺吃苦，再从自家伙计中挑出杰

➢ 神纹 / photo by © MShades

➢ 女性和服肩上的家纹

出人才，让女儿招赘并继承店铺。之后关西地区虽然也演变为男性社会，但“女紋”风俗一直未被淘汰。

履物（はきもの / hakimono）

“履物”（はきもの／hakimono），顾名思义就是鞋子的总称，但是禁止穿鞋进入之处，例如学校、公司职场、体育馆或某些观光建筑物等必须换上室内鞋出入的公共场所，则称为“上履”（うわばき／uwabaki）。

以前我在 NTT 当 OL（office lady）时，一到公司就先打卡，再到更衣室换上公司制服和“上履”后才能进办公室。制服是公司统一准备，胸前别着标明部门和姓氏的牌子，只有“上履”可以穿自己喜爱的款式。

我记得公司并没有规定一定要穿哪种款式，女生却都默契地一律穿医院护士穿的那种白色低跟软底鞋，男生则没有特别统一的款式。换上“上履”的目的是避免走路时发出声响，打搅到别人的工作情绪。来公司谈公事的客户当然不用换鞋子，所以我们一听到皮鞋声响，就知道有外人来公司。虽然来公司谈公事的外人都是 NTT 集团子公司员工，从广义上来说算是自己人。

前面说过，无论男女，日本人穿和服时，脚上一定是“足袋”和“草履”。足袋的祖先是奈良时代的皮制“下沓”（しとうず／shito-zu），不过当时的“下沓”形状跟现代袜子一样，拇指没有跟其他四趾分开，直到平安时代才分开。

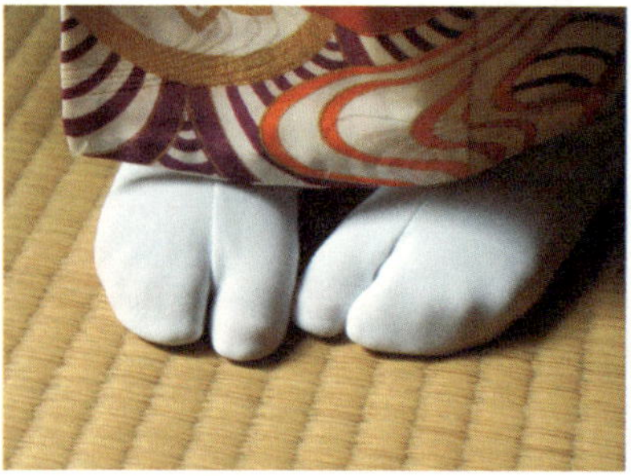

➢ 足袋

➢ 祭典表演节目时穿的木屐／photo by © tanakawho

而根据江户时代中叶的吉原游廓（幕府公认的“花街”）记载，当时的武士都穿皮足袋，脚丫子臭得令人皱眉蹙眼。之后才出现麻足袋和丝足袋，棉织品在当时是舶来品，比丝织品昂贵。德川家康与历代将军当然都穿高级的棉足袋，而且在纯白足袋上印上金色勾玉形状的“巴紋”（ともえもん／tomoemon）。而武士只在切腹时才穿白足袋。

1657 年的“振袖大火”（请参照笔者另一本作品《江户日本》）之后，由于皮制品供不应求，棉足袋才普及。据说当时的庶民都穿花足袋，举行正式仪式时才穿白足袋。但是女人基本上都是白足袋，因为自古以来侍奉神祇的职务都是由女人担任的，必须穿洁净无垢的白足袋。

现代日本年轻人也很流行穿花足袋，不过并非为了配和服，而是当居家袜子穿，种类多得令人眼花缭乱。

另有一种“地下足袋”（じかたび、ちかたび／jikatabi、chikatabi），简单说来就是胶底布鞋，“职人”（しょくにん／shokunin，技工）或干农活、祭典活动抬轿的人都穿这种胶底布鞋。尤其是建筑公司“职人”，很喜欢在别人看不到的足袋内

➢ 职人穿的地下足袋

侧花钱请人绣上华丽的刺绣，相当于某些女人外表打扮虽朴素，却喜欢穿漂亮内衣一样，认为秘而不宣才是美。

“草履”一词来自中国。奈良时代的“草履”一词正是中文所说的草鞋。那么，演变成现今在拇指和四趾之间夹住系绳形状的，源自镰仓时代 1274 年及 1281 年两次“蒙古袭来”（もうこしゅうらい / mo-koshu-rai）之时日本武士团为了迎战而发明的战斗鞋。

在这之前当然也有鞋子，那是一种由两块木板合成鞋垫的草鞋，有后跟，并且以几根系绳系在脚背上，根本不适合战斗。于是有人干脆除掉鞋后跟和鞋垫、系绳，制成用拇指夹住的草履形状，以便于行动。

中文的拖鞋，日文也叫“ぞうり / zo-ri”，另一个比较洋派的称呼是"ビ－チサンダル／bi-chi sandaru"，简称"ビ－サン／bi-san"。而一般男女在夏天穿的凉鞋则被称为"サンダル／sandaru"，老一派日本人习惯称之为"突掛"（つっかけ／tsukkake），意思是到邻家或院子时可以随便"挂"着走。室内拖鞋则称为"スリッパ／surippa"。

还有一种男性穿的"雪駄"（せった／setta），鞋底是皮制，可以防水，岩波书店发行的国语辞典《广辞苑》（こうじえん／ko-jien）上说它是茶人千利休发明的。由于"鼻緒"（はなお／hanao，拇指夹住的地方）底有金属卡，走起路来咯咯作响，有点类似踢踏舞（タップダンス／tap dance）鞋子。现代日本男性在夏天穿"甚平"（じんべい／jinbei）时，也都喜欢穿"雪

➢ 雨雪鞋（雪駄）

➢ 防寒、防雨木屐

➢ 舞伎穿的高草履

➢ 穿浴衣时的男女木屐

駄”拉风一下。

至于“下駄”（げた／geta），就是木屐的一种。男生和女生于夏天穿浴衣时，脚上通常是木屐。情侣或全家人一起穿着浴衣、木屐到祭典会场玩时，一路上“咔拉咔拉”地逛着大街小巷，是日本特有的夏季风景线之一。

我到祭典会场闲逛时，时常看到中年夫妇穿着同样花色的浴衣，手持团扇，轻声细语地交头接耳，看着他们我会情不自禁地露出微笑，感觉好像也分享了一点他们的幸福。

附带提一句，《广辞苑》和三省堂发行的《大辞林》（だいじりん／daijirin），就权威性和可信度来说，是日本两大国语辞典。两者均收录有约 24 万个词。

扇子（せんす / sensu）

扇子有两种，一种是“团扇”（うちわ / uchiwa），另一种则是“扇子”（せんす / sensu）。团扇的骨架是细竹，上面再贴纸，制成圆形有柄的形状，1000 年前自中国传入日本，本来是贵族阶级用来掩面，后来成为扇风道具。在日本，每逢夏祭，会场都有人免费发放团扇给路人，团扇上印有公司名称或商品名称以作宣传。

➤ 团扇

至于扇子，也就是折扇，简称“扇”（おうぎ / o-gi），可以折叠成细长的一根，以方便携带。这是日本人于 8 世纪所发明，制造技术较复杂，在平安末期是京都的主要出口商品，进口国正是古代中国。中国自日本进口扇子再出口给印度，最终传至欧洲诸国，英文称为 fan。

折扇在 14 世纪的室町时代是过年时的“压岁

钱”，而长辈在春节发压岁钱给晚辈的习俗，自 8 世纪的奈良时代便开始了。当时所说的“压岁钱”并非现金红包，而是物品。江户时代的商家或医师，春节时都会在玄关前准备一大箱扇子，当作返礼让带礼品来拜年的客人带回去。

到了现代，折扇则是“日本舞踊”（にほんぶよう / Nihon-buyo，日本舞）和“落語”（らくご / Rakugo，类似中国传统的单口相声）不可或缺的小道具。由于扇子可以展开成半圆形，因此又叫作“末広”（すえひろがり / suehirogari），有兴旺、繁荣之意，所以也用来当作喜事的小道具或纪念品。

一般说来，日本的折扇主要有四种用途：实用、祭神、武器、礼法。

➢ 扇舞 / photo by © blmurch

就实用性来说，当然是用来扇风，女孩子在皮包内放一把小巧的折扇，夏天时可以随时取出来扇风，比掀裙子（有人会这样做吗？）或拉起衬衫底送风要来得文雅多了。

神社祭神仪式常用扇子，这是因为展开扇子意谓敞开心灵，灵魂可以随着扇子的动作而移动，加上折扇形状类似手掌，等于是用扇子（手掌）招请神祇下凡。歌舞伎剧的始祖阿国歌舞剧舞者必定手持折扇，这正是一种用扇子招请神祇的宗教仪式。

而由于折扇的骨架是竹子，竹子是一种极为强韧的纤维，因此也可以当作护身用武器，连日本武士刀也很难一刀斩断。武功高强的人，光凭一把折扇便能把对方耍得团团转。

现代日本人穿外出和服正式拜访人家时，大多在腰带间塞着一把折扇。待主人请你进屋，在榻榻米房与主人相对而坐打招呼时，先以持扇的右手将折扇搁在自己膝前，营造出一种相当于“結界”（けっかい／kekkai）的神圣场所，表示你是主、我是客。

此外，由于折扇有大有小，有些制作得非常精致，可以当室内装饰品。还有，送别人现金时，正式场合是把装有现金的袋子搁在扇子上，再转个圈让扇头指向对方，也就是说，从对方看来，折扇呈“末广”形状。

京都岚山的“车折神社”（くるまざきじんじゃ／kurumazakijinja）于每年五月第三个星期天举行“三船祭”（みふねまつり／mifunematsuri），重现平安时代贵族的泛舟游。船有20余艘，其中有一艘名为“扇流船”（おうぎながしぶね／o-ginagashibune），船首坐着一位身穿十二单衣的“平安时代宗姫”，这是京都艺伎为了祈求歌舞技艺能日益精进而把折扇放水

流的仪式。此祭典每年都聚集 10 万人以上的观光客，有兴趣的人到京都时不妨去参观一下，场面非常壮观，可以体验 1000 年前平安时代贵族阶级的风流氛围。

另一场与扇子有关的著名祭典是和歌山县熊野“熊野那智大社”（くまのなちたいしゃ / kumanonachitaisha，世界遗产的一部分）于每年 7 月 14 日举行的“扇祭”（おうぎまつり / o-gimatsuri），又称“那智火祭”（なちのひまつり / nachinohimatsuri），是日本三大火祭之一，有 1600 多年的历史。

祭典当天上午先向神祇奉祀舞乐，下午再自大社抬出 12 顶高约 6 米的扇神轿，前往那智大瀑布附近的“飛瀧神社”（ひろうじんじゃ / hiro-jinja，供奉神体正是落差有 133 米的大瀑布）。而自飞泷神社出发的是 12 根各有五六十公斤重的大火把，途中会在两旁都是树林的昏暗参道石阶相遇，这时会演出一场约 200 人的火焰大乱斗。正确说来，是全身白装束、手持日之丸扇子的人会挥着扇子为抬火把的人鼓舞或泼水。因为大火把真的很重又很大，持火把的人一不留心便会烫伤。

那智扇祭是和歌山县的非物质民俗文化财产，祭典中奉祀的乡土艺能“那智田乐”（なちのでんがく / nashinodengaku）更是国家指定的重要非物质民俗文化财产。

風呂敷（ふろしき / furoshiki）

“風呂敷”（ふろしき / furoshiki）是一种用来包裹物品的正方形料，质地是丝绸或棉织品，以前用来包衣服。江户时代，由于“銭湯”（せんとう / sento，大众澡堂）普及，庶民到“銭湯”洗澡时都用“風呂敷”包裹换洗衣服往返，因此被冠上“風呂”（ふろ / furo，浴室、浴缸、洗澡）这个词。

由于只是一块有花样的布料，而且尺寸大小不一，任何物

▶ 包裹物品的风吕敷

品都可以包，结法更是数不胜数。明治时代以后，各式各样的西方皮包传进日本后，风吕敷便逐渐显得落伍、过时。

然而，现代日本超市基于环保考虑，积极倡导“My bag”（マイバッグ）或“Eco bag”（エコバッグ）运动，简单说来就是自己带袋子装购买的物品，如以往挎着菜篮到传统菜市场买菜那般，政府建议消费者不要再用超市免费提供的塑料袋，因此风吕敷又重新流行起来，质地也不限于丝绸或棉织品。

风吕敷通常用来包裹赠品，倘若包法、打结技巧好，会比用包装纸包装再粘个蝴蝶结的礼品更具有个人风格且更为雅致。我收过用风吕敷裹着的两瓶红酒的礼物，看上去真的相当别致，而且在两瓶红酒之间打结，可以单手同时提起两瓶酒，加上风吕敷的文雅花样，令人倍觉惊喜。

目前，书店有不少教人如何使用风吕敷的图文书，百货公司和服专柜或吴服店也会展示以风吕敷包裹各式物品的方法，甚至可以打结成背包背在背上或肩上，用法变化多端。可以说，风吕敷作为日本的传统用具之一，在今日已经演变成流行商品了。

另一种跟风吕敷类似的布包就是“袱紗”（ふくさ/fukusa），尺寸比较小，而且有里子，且表里都是单色，顶多在表面染上或绣上家纹，有些袱纱的四角还装饰有穗子。袱纱在现代通常用来包裹婚礼、葬仪时送出的红包和奠仪，当然不是直接用来包纸币，日本有各式各样的红白大事装饰纸包，袱纱是用来包这些纸包的，以免纸包被污损。喜事用深红色、紫色；丧事则用灰色、蓝色。

婚礼时，新郎新娘会事先寄来喜帖，喜帖内有一张明信片，

➢ 包裹喜事礼品的风呂敷

用来让亲朋好友填写能否于当天参加喜宴的答复，这种回信必须尽快寄出，否则会令新人订席位时太过困扰。因为日本婚礼宴席是一人一份套餐，而且婚礼当天要准备返礼让客人带回去，所以人数一定要事先算好。

而葬礼通常是突发事件，往往通过亲朋好友临时以电话通知某日夜晚几点开始守夜，隔日上午几点开始告别会。我曾有一次接到紧急通知，于翌日要参加葬仪，却找不到包奠仪的灰、蓝袱纱，只得用白色大手帕代用。那以后我便准备了一个丧、喜事都可用的紫色袱纱，以待应急。

再来说说“手拭”（てぬぐい / tenugui），就是日式毛巾、手巾，但是比现代毛巾单薄、易吸水，可以用来擦手、擦脸、洗澡，甚至绑在额头扮作应援团（おうえんだん / o-endan）团员，或受伤时用来当“包带”（ほうたい／ho-tai，包扎的布条）。因此即便在现代日本，“手拭”的需求量仍很高。

▷ 各式花色的风呂敷

至于“暖簾”（のれん／noren），就是日本商店屋檐下垂挂的小布帘。商店的“暖簾”通常染上“屋号”（やごう／yago）或“商号”（しょうごう／sho-go）、家纹，本来是禅寺用来防寒、防晒的，江户时代的商家将布帘染上家纹变成商标后，“暖簾”便成为一种信用度与名声的代用品。

现代日本家庭也到处挂有暖帘，例如玄关口、厕所小窗户、房间门口（夏天敞开房门时，为避免家人一眼便瞧见房内状态，挂着暖帘可以稍作遮蔽），当然也可以挂在墙上当装饰。

▷ 手拭

▷ 暖帘

制服（せいふく / seifuku）

制服（せいふく／seifuku）的历史应该非常悠久，从广义上说，古代中国或古代日本朝廷官员根据官职大小所穿的官服正是一种制服，天子祭宗庙时身着的衮冕也是一种制服。而宗教神职人员更是以服装来证明自己的身份。

➢ 女高中生的水手服 1

日本在江户时代也有制服，大商铺员工都穿染有“屋号”或“商号”的外衣，而各行业的职人也都有自己固定的服装。甚至连幕府的下级武士，穿着看似和服，其实也依所属部门及身份高低而有别，甚至可以根据对方结在头顶的小发髻形式，一眼分辨出对方是刑警还是保安。

有关军队、警

察、消防队员、厨师、医生、护士等职业的制服，大家理应都很熟悉，在此不做赘述。本节主要是说明日本的“学生服”（がくせいふく／gakuseifuku，校服）。

提起日本的校服，很多人很可能受日本漫画或电视剧的影响，脑中立即浮现出中学女生穿的“水手服”（セ－ラ－服／se-ra-fuku），事实上日本全国目前仍有半数以上的初中女生制服是“水手服”，高中则大部分都是西装外套。但据说有将近半数的高中女生仍将“水手服”列为最爱。

我在高中时代穿的校服是白衬衫、蓝领带、蓝西装外套、蓝百褶裙，我是在中国台湾读的初中，因此很遗憾没穿过“水手服”。倒是在高中时便学会如何打领带，有时早上怕赶不及巴士时间，就把领带塞进外套口袋，然后在巴士内慢条斯理地打领带。女生穿西装打领带的制服装扮虽然很帅气，我却总觉得缺乏穿“水手服”时的纯真与可爱。不过，老实说，我也觉得只有初中女生适合穿“水手服”。

日本每年 6 月 1 日“衣替”（ころもがえ／koromogae，换穿夏服）那天，各家晚报都会刊出身穿水手校服的女学生照片，以强调初夏的来临。冬服换穿日则是 10 月 1 日。不过冲绳县与奄美群岛因气候原因比内陆地区各提早、延后 1 个月，分别在 5 月、11 月实施“衣替”。

为什么每家报纸都会在 6 月 1 日那天不约而同地刊出女学生照片呢？其实企业女员工也会在同一天换穿制服。日本全国几乎都在同一天换穿夏季制服，而街头拍摄的对象只有女学生而已，这已经成为日本夏季的“風物詩”（ふうぶつし／fubutsushi，独特的风景线）之一。不过，换穿冬服时则不会上报，因为没看头嘛。

明治、大正时代女学生穿的校服是传统振袖和服加一件“袴”（はかま／hakama，宽松裤裙）。1922年，福冈县福冈市基督教私立福冈女学院校长，为了让女学生行动方便，托厂商设计出水手服形式制服，之后东京和其他县市学校也随后跟上，如此“水手服”便成为日本全国共通的中学女生校服。

但是传统女校服的“振袖、袴”并未因此而成为历史遗物，现代大学生在参加毕业典礼时，很多女生都会租借传统校服（男生比较少，通常穿西装）。每年三月末，在车站或大学校园附近都能看到身穿传统校服的女大学生，即便已经看过很多次，每每碰到这种光景，笔者仍会情不自禁地微笑，并暗暗为她们祝福。西方诸国或某些亚洲国家在大学毕业典礼穿戴的方形帽和披风等学士服，在日本反而罕见。至少在日本住了30多年的笔者，一次也没看过。

男生则是“詰襟”（つめえり／tsume-eri），目前有七成的初中都采用黑色诘襟制服，高校则有两成左右。这是学习院

➢ 女高中生的水手服 2

➢ 女高中生的水手服 3

（旧宫内省设置的官立学校）于明治十二年（1879 年）带头指定的男生校服，七年后，东京帝国大学（东京大学）也指定诘襟为制服，其他中学或大学跟着陆续效仿，所以诘襟的历史比“水手服”悠久，已有一百多年。

但是当时只限都市区的有钱人家子弟才穿得起诘襟制服，一般大学生都是和服、“下駄”，再用风吕敷包裹课本、文具去学校。诘襟制服在当时算是一种上流知识分子的服饰。昭和三十年以后，大学生不再穿制服，而是自由穿，诘襟就变成日本初、高中男子的传统校服。

“詰襟”统称“がくらん / gakuran”，写成汉字便是“学兰”，这个“兰”字指的是荷兰的“兰”。江户时代称西服为“蘭服”（らんふく / ranfuku），所有传自西方的物事都被冠上“蘭”字，“gakuran”的意思就是学生用“蘭服”。不知为何，这个词一直沿用至今。

黑色诘襟制服扣子是金色的，上面刻有校徽。毕业典礼那天，女生如果可以得到男生的第二粒扣子，表示对方的意中

➢ 诘襟是最常见的男生制服 ➢ 诘襟的第二颗扣子是定情信物

人正是你。总之，对男生来说，诘襟制服的第二粒扣子是一种定情物。第一粒扣子留给自己或同性知己，第三粒扣子是给朋友，第四粒扣子给家人，第五粒扣子给其他交情较浅的人。倘若女生得到第五粒扣子，表示你已经被“三振出局”。

为什么是第二粒扣子？因为第二粒扣子最靠近心脏的位置，表示对方愿意把“真心”（まごころ / magokoro）交给你。而此风俗的起源据说是二战时，男子在赴战场前，由于很可能一去不复返，特意留下军服的第二粒扣子给意中人当终生纪念。

附带一提，小学生用的皮制方形书包（ランドセル / randoseru），语源是荷兰语中的 ransel，据说本来的意思是乞食袋，幕府末期时传至日本，起初用来当军队士兵的背囊，因此在当时是军事用语之一。明治天皇于 1877 年在东京设置学习院

➢ 皮制方形书包原是士兵的背囊

（江户时代末期的仁孝天皇首先在京都御所内设置了学习院）后，当时的明宫嘉仁亲王（大正天皇）升上初等科时，内阁总理大臣伊藤博文献上皮制方形背包当贺礼，这就是现代书包的原型。

此后陆军大将乃木希典任职学习院院长时，在校规中指定书包全用皮制方形背包，这正是现代小学生书包的起源。不过，皮制背包在当时是高级品，昭和三十年之后才普及至一般庶民家庭，一直沿用至 21 世纪的今日。

背広（せびろ / sebiro）

提到洋服，或许有很多日本人会联想到鹿鸣馆（ろくめいかん／rokumeikan）。鹿鸣馆是明治政府特别建设的社交场所，于明治十六年（1883 年）竣工，在当时算是西化政策的象征。

鹿鸣馆二楼有 100 坪（“坪”为日本常用面积单位，1 坪约为 3.3 平方米）左右的舞厅，几乎夜夜招待西方人，举行社交舞会，参与舞会的日本人只限上流社会，女士们都穿西式豪华晚礼服。一套晚礼服包括束腹马甲［コルセット／korusetto（corset）］、［ペチコート／pechiko-to（petticoat）］等内衣，价格约为 400 日元，而当时总理大臣的月薪是 500 日元，确实只有上流社会才穿得起。

而正式采用洋服的年代更早，是幕府末期文久四年（1864 年），德川幕府为了引进洋式操练法，让士兵改穿西式军服。只是当时的军服乱七八糟，上衣是英国海军式的，长裤是美国海军式的，皮鞋则是法国式的。

男士的“背広”（せびろ／sebiro，西装）在当时是舶来品，语源出自英文的市民服（civil clothes），价格是一般庶民半年的薪水。日本第一家西装裁缝店成立于明治二年（1869 年），位于东京京桥，是店主特地从德国招聘裁缝师而开的西服店。

现代日本上班族“サラリーマン／sarari-man（salaryman）”

的制服通常是西装，西装的配件是领带（ネクタイ／nekutai（necktie）），第一位把领带引进日本的人是约翰万次郎（ジョン まんじろう／John Manjiro），本名中滨万次郎（なかはままんじろう／Nakahama Manjiro），生于幕府末期的1827年，卒于明治三十一年（1898年）。

▶ 上班族穿着

他本来是土佐国（高知县）的一名穷"渔师"（りょうし／ryo-shi）家中的次男，14岁时跟随其他渔师出海捕鱼遇到风浪，他们在海上漂流了五天半才抵达伊豆群岛之一的无人火山岛"鳥島"（とりしま／torishima）。由于岛上栖息着日本俗称"阿呆鳥"（アホウドリ／aho-dori）的信天翁，这五个人就靠捕食这些目前被指定为保护动物的"阿呆鳥"过了140多天。

后来他们被美国捕鲸船拯救，由于当时日本是锁国政策，得救的其他渔师都在夏威夷下船，只有万次郎不肯下船，加上船长也很宠爱他，干脆把他带到美国。他在美国学会了英语、测量、航海、造船技术，最后升任副船长，随着捕鲸船周游全球各地。

10 年后，他自己购船路经夏威夷时，与昔日的遇难者重逢，这才跟同样在异地生活了 10 年的同乡人一起回日本。此后，幕府看中他的英语能力，招聘他成为幕府直属家臣“旗本”（はたもと／hatamoto）。

约翰万次郎是日本史上的著名人物之一，在日本有不少有关他的生平传记。不过，就海难漂流者记录来说，另有一位同样是土佐国人，名叫长平的渔师，也在上述的鸟岛整整独自生活了 12 年，食物也是信天翁。我认为信天翁实在不能被称为“阿呆鸟”，应该改名为“救生鸟”。

下着（したぎ / shitagi）

“下着”（したぎ／shitagi）是直接接触身体的衣服，也就是内衣。男人的内衣没什么可谈，反正穿来穿去都一成不变，唯一可提的是，日本男人在第二次世界大战前，主流内裤样式是“褌”（ふんどし／fundoshi，丁字裤），战后因洋服普及，才逐渐改穿四角裤［トランクス／torankusu（trunks）］或三角裤［ブリーフ／buri-fu（briefs）］。

比起传自西方的四角裤或三角裤，日本传统的“褌”种类很多，市场需求量在现代日本依然很大，例如相扑力士、传统艺人、时代剧演员、各式各样的祭典时，男士们通常都穿“褌”。

战前的学习院闻名全日本的正是“赤褌”（あかふん／akafun），当时学习院男子上游泳课时必须都穿红色“褌”。据说以前的渔夫都穿“赤褌”，万一在大海中遭遇鲨鱼时，会解开缠在下半身的“褌”让其漂流在海面，这样鲨鱼就会去追赶红色布条，渔夫再趁机逃命。

现代日本年轻男子也有支持传统丁字裤的一派，据说只要穿习惯了，就会舍弃四角或三角裤。而西洋内裤派的男子又分为四角裤和三角裤两大派，我家两个儿子在小学时是三角裤派，当时都是当妈妈的我买来的，他们也没有选择的余地，但升初中后便主动换为四角裤。据我所知，日本成年男子大部分都是四角裤派。

至于女人，由于多了个胸罩“ブラジャ－ ／burazya”，花样可多了，有全罩杯、半罩杯、3/4 罩杯、隐形罩杯；前扣式、后扣式；加垫、不加垫；有钢丝、无钢丝；花色肩带、透明肩带、无肩带……不计其数。

女人胸罩日语源自英文 brassiere，发明者到底是谁，说法不一，在此只提日本女性内衣市场占有率高居第一、总部在京都的华歌尔（ワコ－ル／Wacoal）公司的秘密。

洋装于二战后才在日本全民化，然而，在此之前习惯穿和服的日本女性身材不适合洋装。东方女性胸部娇小，洋装穿在身上宛如布袋。于是有人将西洋 brassiere 改革成适合东方女性身材的胸罩，此人便是华歌尔公司创始人冢本幸一（つかもとこういち／Tsukamoto Ko-ichi）。

1946 年，25 岁的复员军人冢本幸一从战地归来，在京都家中过着无所事事的日子。某天，冢本偶然在伯父家遇见一位推销项链（ネックレス／nekkuresu）的商人，他虽然没见过项链之类的首饰（アクセサリ－ ／akusesari-），但直觉感到商机无限。

当时冢本的父亲所经营的纤维批发公司“和光商事”（ワコウショウジ／wako-sho-ji）因战争而歇业，于是冢本继承了家业，重新设立“和光商事”，提着装满首饰的皮箱在全国各地行商。无奈流行趋势变化无常，冢本必须一直走在时代前端研发新颖别致的首饰。

1948 年，一个男人带着一样奇妙的商品拜访冢本。商品是个用铁丝制成的碗状物体，还有一块包裹铁丝碗的布制垫子。男人解释说，在街上经常看到不少容貌姣好的女人，却因胸部平坦使得身上洋装看起来非常邋遢，因此制造了这个可以缝在胸部的垫子。

冢本兴致勃勃，当天夜晚带着商品搭夜车赶到东京试卖，结果全部卖光。当时冢本是请裁缝师将胸垫缝在洋装内的。为了让胸垫看上去更自然，冢本又让妻子尝试缝制可以装垫子的胸罩，日本史上最初的胸罩便由此完成。

最初，胸罩的销售行情非常看好，可是一到冬天，胸罩竟然滞销。原来女性在冬天重重叠叠穿着好几件衣服，并不在乎身材线条。并且此时又发生了缝制工厂暗中出售胸罩的事件，实在是祸不单行。于是冢本下定决心，决定以质胜量，开发出名牌胸罩。他向某缝制工厂宣布往后不再提供资金，但保证只要缝制出优质胸罩，一定全盘承包。

1952 年，“和光商事”在大阪阪急百货公司举办了日本空前的内衣展览会，让内衣文化在日本开花结果。商标也改成“华歌尔”，接着连公司名称也改为“华歌尔”。1964 年，华歌尔成立了科学研究所，不断累积女性躯体研究成果，并公开募股上市，社长冢本幸一也成为京都财界中心人物，媒体称他为“用胸罩盖了大厦的近江（滋贺县）商人”。目前，华歌尔公司依旧是日本国内内衣最大厂商，每年新产品层出不穷。

内裤、裤袜（パンツ / pantsu、パンティ- ストッキング / panti-sutokkingu）

女生内裤通常称为“パンツ / pantsu”或“ショ-ツ / sho-tsu”，都是取自英文 pants、shorts 的外来语。美国或其他西方国家一般称女生内裤为 panty，日本以前也称为“パンティ- / panti”，只是这个词对日本女性来说带有负面色彩，因此女生之间一般口语都称内裤为“パンツ / pantsu”。

以传统和服为日常生活服装的江户时代女性不穿内裤，她们穿的是“腰卷”（こしまき / koshimaki），即缠在腰上的一种裙子，而和服里面还要穿和服内衣的“襦袢”（じゅばん / juban），所以就算和服下摆不小心敞开，也不会露出私处。或许有人会问，那么月事期间怎么办？就跟男人一样重重叠叠地缠着一条“褌”嘛。

内裤是明治时代传进日本的，当时被称为“ズロ－ス / zuro-su（drawers）”，但并不普及，昭和时代以后才全民化。另有一种名为“ブルマ－ / buruma-”（bloomers 的外来语）的灯笼裤，在 1967 年第十八届东京夏季奥林匹克运动会之前，是小学、中学女生的体育裤。只是我读高中那时（20 世纪 70 年代），女生的体育裤已经换成短裤，我们学校是绿色短裤。

有关灯笼裤，我在中国台湾有个记忆犹深的苦涩回忆。

我的母亲曾在菜市场开过一家裁缝店，一楼是店铺，二楼是住家，所以一楼店铺平日都有三四个女学徒在帮忙缝制客户订制的衣服。母亲身为裁缝师，自然很注重女儿的服饰，我从小便穿我母亲缝制的三角内裤。

可是当时台湾高雄市的小学和中学女生都穿黑色灯笼裤，三角内裤算是一种潮流内裤，害得我在学校时常被男生掀裙子。我曾经向母亲要求让我穿灯笼裤，她却以“女孩子最好不要穿灯笼裤，长大以后大腿根会留下很难看的疤痕”为由，坚持不让我穿灯笼裤。虽然我没看过我母亲的腿部，不过我想，这很可能是她自己的亲身体验。

至于丝裤袜（パンティ-ストッキング／panti-sutokingu）则是日本人发明的商品，简称“パンスト／pansuto”，此商品有个小故事：

话说 1929 年，21 岁的堀禄助（ほりろくすけ／Hori Rokusuke，1908—1993）远赴神奈川县某偏僻山村任教，在目睹山村贫困生活后，立志当个能够让国家富强的实业家，于是辞掉教职，考入东京高等蚕丝学校（国立东京工业大学），专修生丝。

堀禄助在校成绩优秀，毕业后报考大厂商片仓纺织公司，却因年龄超限而落榜。堀禄助不甘心，向公司抗议，要求公司先让他工作再判断他的能力，1934 年，堀禄助终于成为片仓纺织公司的一员。

堀禄助在片仓纺织公司果然尽其所长发挥潜力，1939 年开发出在生丝中混入棉纱、麻纱，成本低廉的划时代纤维。公司赏识他的功绩，于 1944 年允许他使用同一个字号另设工厂。

战后，日本在 GHQ（驻日盟军总司令，SCAP）指导下，解散了全国各地的财阀，片仓财阀也难逃命运，堀禄助的“片仓工业”便成为完全独立的工厂。为了另起炉灶，堀禄助又将公司名改为“厚木编织”。

战后由于粮食短缺，捕鲸业相当盛行，捕鲸绳索与渔网的订单接踵而来，工厂也活络起来。可是好景不长，捕鲸用绳索逐渐被尼龙［ナイロン／nairon（nylon）］制品所代替。尼龙是 1938 年美国杜邦公司（Du Pont）开发出来的，在第二次世界大战中被应用在降落伞上。这时，神奈川县厚木美国基地占领军之间，盛行用尼龙丝袜讨取日本女性的欢心。当时的尼龙丝袜后面有一条接缝，于是堀禄助决定在丝袜上下功夫。

1953 年，堀禄助费尽苦心终于开发出圆织编织机，织出全球第一双后面没有接缝的丝袜。然而，他的苦心之作竟未得到日本消费者的认同。1955 年，堀禄助又开发出史上第一套女童用紧身裤袜，可是依然无人问津。

一天，堀禄助收到一封寄自美国的航空信，原来是美国公司对他开发出的裤袜深感兴趣。堀禄助便将市场转移至欧美各国大力推销，结果，欧美人士皆称赞堀禄助是“King of Stockings”。

1960 年，堀禄助将公司名改为“厚木尼龙工业”（上海公司名为“阿姿谊”），以破釜沉舟的心境再度在国内市场推出没有接缝的丝袜。经电视广告和各种推销活动的大力宣传，加上欧美诸国的流行趋势，“ATSUGI 丝袜”的销售量在短期内便凌驾于传统的有接缝丝袜之上。

堀禄助于 1968 年又将女童用裤袜技术运用在成人丝袜上，

推出成人用丝裤袜，适逢迷你裙风潮，丝裤袜在一夜之间成为畅销品。1977 年，堀禄助又开发出尼龙与聚氨酯混合的纤维，制造出全球第一双具有伸缩性的丝裤袜，获得全世界女性的赞赏。

不过，现代大部分日本年轻女孩已经不再穿丝裤袜，而是以“タイツ / tai-tsu”（紧身裤）代替。

コスプレ（cosplay）

“コスプレ / cosplay” 语源是 costume play，但是日本的 cosplay 跟 costume play 不一样，算是和制英文，结果反而出口至英语圈，成为英语圈共通用词。中文是“角色扮演”，但跟一般的扮装舞会不同，扮演者“コスプレイヤー / cosplayer”主要是扮演动画、漫画、电玩中的角色。

20 世纪 60 年代末至 70 年代，日本的“コスプレイヤー /

➤ 角色扮演 / cosplay / photo by © beggs

cosplayer”只限少数 SF（科幻、奇幻小说或电影）迷在“同人”（どうじん／doujin）祭典中举办扮装会而已。20 世纪 80 年代起，日本媒体才逐渐把焦点放在这些文化小众上。到了 90 年代，小众文化演变为大众文化，“コスプレ”这个词也在不知不觉中广为人知，成为固定名词，甚至成为商业圈的新商机。

90 年代末期，各种让店员穿着角色扮演服装的餐饮店纷纷崛起，只是由于版权等复杂问题，目前大部分都是“メイド喫茶／maid kissa”或“メイドカフェ／maid cafe ”，也就是女仆咖啡厅。

2003 年 10 月起，爱知电视台在名古屋市举办了“World Cosplay Summit”，简称 WCS，让全球各地的角色扮演爱好者汇集到日本进行交流。2005 年起就演变成竞选大会，历年评审员都是著名人物，例如漫画家松本零士、永井豪，评审标准不限于服装，还包括竞选者的演技和舞台演出。

此大会先在各国进行预选，选出两名一组的各国代表，最后在日本进行决赛，历届冠军国家依次是意大利、巴西、法国。简单说来，本来只是日本小众文化的 cosplay，现在已经演变成全球性的竞选大会活动。连日本外务省（がいむしょう／gaimusho-，外交部）、国土交通省（こくどこうつうしょう／kokudo ko-tsu-Sho）也成为赞助者之一，举国对海外宣传“Cool Japan”的形象。

角色扮演的服装主要是动画、漫画、电玩角色，以及各种职业制服、学生制服、历史人物、拟人化动物或纯粹戴面具，等等。在东京原宿、涩谷等年轻人聚集的地方，只要是周六、周日，几乎随处可以看到角色扮演者们。由于本来就具有街头

➢ cosplayer 会主动摆姿势供人拍照 ∕ photo by © jackfrench

秀的性质，他们不会拒绝让人拍照，甚至会主动摆姿势给人拍照。

但是“コミックマーケット ∕ Comic Market，简称コミケ ∕ Comike ∕ CM”，即同人志展销会，基于安全考虑，不准角色扮演者携带各种仿制武士刀或枪炮等具有杀伤力的道具入场，且不准拍照。

Comic Market 于每年 8 月、12 月举行，会场是东京台场的东京国际展示场（とうきょうこくさいてんじじょう ∕ Tokyo Kokusai Tenjijo，通称“东京 Big Sight ∕ 東京ビッグサイト”）。直至 2007 年，共举办了 73 次，每次为期 3 天，摊位数高达 3.5 万以上，而每次入场人数也都多达 55 万以上，免费入场，是全球规模最大的同人志展销会。

同人志展销会会场的现金交易额非常大，而且某些同人志作家赚的钱比专业作家还要多。例如某位同人志作家在三年间赚了 2 亿日元，报税时却谎称 2000 万日元，于 2007 年遭国税局起诉，结果除了应付的税金加上罚款，支付总额竟高达 9300 万日元。而根据同人志业界的说法，有半数以上的同人志作家都有漏税嫌疑，但因为都是自费出版，比较不容易被抓到。

➢ 禁止 cosplayer 在馆内拔出武士刀道具的标识 / photo by © MShades

「住」

和室（わしつ / washitsu）

无论宗教建筑物还是一般住所，日本传统建筑物的主要材料是木材、纸。通常房屋离地面二三十厘米，地板上铺着“叠”（たたみ / tatami），再用“襖”（ふすま / fusuma）或“障子”（しょうじ / sho-ji）隔间。屋内与屋外界线分明，绝对不能穿鞋进室内房间；而地板房和榻榻米房又有分界，也不能穿室内鞋进榻榻米房。

古代日本便已经有“叠”，这是一种把多张草席重叠缝制而

▷ 袄

▷ 障子

成的坐垫，所以汉字才写成“疊”。平安时代（794—1185）开始出现一种可以夹在腋下搬动的家具，类似现代的榻榻米，但比现代榻榻米薄，只有在贵客来访时才取出铺在地板上当坐垫。

到了镰仓时代（1185—1233），演变成在房间四周铺榻榻米，仅留中央之处是地板。室町时代（1336—1573）时则因为房间面积缩小，于是把整个房间都铺上榻榻米。直至江户时代中期，榻榻米始终是贵族阶级的家具之一。

一张榻榻米大约宽 90 厘米、长 180 厘米、厚 5 厘米，和室大小都以榻榻米数量来算，例如四叠半房、六叠房、八叠房等。榻榻米有镶边，称为“疊緣”（たたみべり / tatamiberi），在和室中行走的规矩是不能踏在镶边上，这会令榻榻米不易持久。

“襖”（ふすま / fusuma）就是纸门，用来隔断，没有锁，可以随时卸下让两个或三个和室连起来变成“大広間”（おお

▶ 叠缘

ひろま／o-hiroma）供宴会使用。由于纸门不需考虑采光问题，只是当隔断而已，所以下方通常有装饰花纹，算是一种室内装潢。假如看腻了或弄脏、泛黄，只要请专业技工重新贴其他花纹的外层纸，整个房间就会焕然一新。

而“障子”（しょうじ／sho-ji）虽然也是一种隔断道具，却具有采光或遮阳的作用，所以只在木框上贴上“和纸”（わし／washi，日本纸）而已，算是一种格子纸窗门。透过和纸射进来的阳光会依太阳的移动而变化，尤其是面向院子的“障子”会投射出花叶、小鸟、蝴蝶等影子，仿佛在看手影表演，非常有趣。“障子”以及和纸的种类也多种多样，可以依四季变化而更换。

附带提一句，虽然袄和障子看似都是由木条、纸制成的，但是在更换时，二者是完全不同的技术。也就是说，“襖”职人无法兼做“障子”职人的工作。

和室的坐垫就是四方形的“座敷团”（ざぶとん／zabuton），尺寸刚好足够让一个人跪坐或盘腿坐，里面装的是棉花，外层的装饰布料则五花八门，夏天用的另有一种以秧草制成的坐垫，坐起来很凉快。

各个和室靠墙之处都有“押入れ”（おしいれ／oshiire），就是壁橱，分为上下两层，上层通常放“布团”（ふとん／futon，棉被），下层放换季后的冬服、夏服衣箱，或是平日常用且需收纳的吸尘器、电熨斗、熨台之类的器具。由于里面都是不能让客人看到的东西，所以都用袄来开关。

和室的最大好处是可以依用途而变成客厅、寝室、书房、宴会场所，算是一种具有多重效用的综合性空间，而且适合日

▷ 坐垫

▷ 壁橱

本的气候。榻榻米冬暖夏凉，每逢换季，只要把室内的垂帘、布帘、坐垫全部换掉，屋内就跟日本的大自然四季一样，春、夏、秋、冬均各有不同面貌。

这类日本传统建筑的专用名词是“書院造”（しょいんづくり / shoinzukuri），有时简称“書院”（しょいん / shoin），是自16 世纪沿用至今的建筑方式。京都二条城有许多“× × 书院”的建筑物，指的正是这类建筑方式，而非书房之意。

上框（あがりかまち、あがりがまち / agarikamachi）

通常，登门拜访日本人时，“玄关”（げんかん / genkan）门一打开，首先进入访客眼帘的便是“下駄箱”（げたばこ / getabako，鞋柜）与“上框”（あがりかまち、あがりがまち / agarikamachi）。

中国大陆住宅多是水泥地或瓷砖，主人喊一声“进来进来”，访客不用迟疑便可以直接进屋；中国台湾住宅可能因袭日本遗风，有的在玄关外要脱鞋才得以进入，有的则是进入玄关内才脱鞋，屋内结构也是直肠直肚，都是玄关门一开，内部便一目了然。日本住宅可就不行。

➢ 玄关

日本玄关的建筑方式，缘起于禅宗。“玄”字，意指茫茫大海中，远方忽隐忽现的小舟。“幺”是海浪；“一”是地平线；顶上的“、”则是小舟。遥远、隐约，才是“玄”。既然是“玄”，又是“关口”，怎能让你轻易上船？在此，“上框”的意义就非常重要。

笔者记得，以前前夫跟我搬出独门独户的婆婆家，住进一般租赁公寓时，千叮咛万嘱咐，吩咐的只有一句话：“我不在家时，就算是我的胞兄，只要是异性，你也绝对不能让他们上‘上框’。”

意思是，小家庭白天只有妇孺辈守家时，绝对不能随便让生人或异性进门。即使这名异性访客是丈夫的胞兄。那时笔者不太理解，只觉得这有点不近人情。可是，笔者现在却能完全理解他当时的叮嘱。

日本住屋通常分三个层级：“土間”（どま／doma，瓷砖或水泥地）、地板、榻榻米。玄关门一拉开，有个小小的瓷砖空

➢ 屋外与屋内连接处（“土間”）

➢ 上框

间，这便是“土間”，访客与出来迎客的主人先在此处寒暄一番，之后才脱鞋上“上框”。

比如收费、邮递等都在玄关门外进行；火灾保险、有线电台签约之类则在土间办理手续，签名盖章等都在“下駄箱”或“上框”进行，绝对不会破戒。连邻居上门也都是在玄关前办事，除非社区内发生必须召集居民讨论的大事，否则就算天天见面的邻居也不会贸然闯进玄关。

榻榻米房是屋内最上等的房间。而连接下等与上等的空间便是地板。换句话说，穿鞋与赤脚之间另有个让彼此喘口气的空档。可这个中间地带总要有个道具吧？于是日本人发明了室内拖鞋（スリッパ／surippa）。

室内拖鞋的语源是英文 slipper。据说明治开国初期，许多外国人不习惯日本的脱鞋进屋习俗，往往穿着皮鞋直接踏进榻榻米房。于是有人发明出在皮鞋上另穿上套鞋的道具，这正是现在日本人家里常见的拖鞋的前身。

外国人到日本传统旅馆住宿时，尤其是西方人，对于“上框”上搁置的一列拖鞋，常会感到不知所措。干吗穿这种玩意儿？然后啪嗒啪嗒随着女侍来到榻榻米房，直接就想进去。这时，女侍会很客气地说明：请脱鞋赤脚入室。旅客只好慌忙脱下脚上的玩意儿。待搁下行李，想进洗手间时，又会赫然发现洗手间内另有一双厕所专用鞋！外国人就会暗忖：这个国家，怎么这么麻烦？

说起来，三个空间各自有代表神存在。水泥地空间是灶神、火神、水神；地板空间则是土地公；榻榻米房便是最高级的神或祖先守护灵。

以往的日本女性在祈求某事能够如愿时，习惯到神社前做“百度参り”（ひゃくどまいり／hyakudomairi），这时也是口中念念有词，赤脚在神社或寺院入口与拜殿之间的石砖上往返100 次。因为只有赤脚才能接近最高级的神。

一家之主在榻榻米房迎接访客时，不会像西方人那样起身要求握手。如果有人进来，你赶忙站起，人家还会以为你想找他麻烦呢。

神佛之前，众生平等。大家同样赤脚坐在榻榻米上已经算是一种礼仪，主人不起身并非失礼行为。可是，太平等未免会失去秩序，日本人于是想出以“床の間”（とこのま／tokonoma，壁龛）为中心、上下有序的排列方法。越是离出入口远的位置，表示该人身份越高，也是当天的贵宾。因此到日本人家做客时，若是主人一而再、再而三地把你往房间里塞，请不要抱怨，那可是最上等的座席哪。

床の間（とこのま / tokonoma）

“床の間”（とこのま／tokonoma）是设置在和室靠墙约半叠或一叠大小的空间，通常是木制地板，比和室榻榻米稍微高一点，墙上挂着挂轴，地板摆饰是插着当季鲜花的花器。

“床の間”在古代日本是祭拜神佛的场所，从室町时代至战国时代末期，演变成特意在和室内设置“床の間”当作一种装饰空间。

➢ 室内装饰场所（“床の間”）

这种有“床の間”的和室在日式传统建筑物中算是格局最高的房间，统称“座敷”（ざしき / zashiki），用来招待重要访客，因此除了“床の間”有装饰效果外，就只有矮桌和坐垫，没有任何多余的家具。而矮桌和坐垫在平日也都会收进“押入”（おしいれ / oshiire，壁橱）内，所以除了“床の間”、挂轴、花器、装饰品外，就是一间空荡荡的榻榻米房。

西方国家那种家族成员聚在一起享受团圆之乐的客厅，在日本被称为“居間”（いま / ima）或“茶間”（ちゃのま / chanoma）。现代都市家庭的“居間”已经西式化，连称呼也变成外来语“リビングルーム / living room”。总之，同样是客厅，“居間”指的是榻榻米房，而“リビングルーム / living room”则表示有沙发、家具之类的洋式客厅。

➢ 铺有榻榻米的房间（“座敷”）

➢ 居间

此外，榻榻米房的“居間”不但是客厅也是饭厅，吃饭时全家人聚在矮桌前，坐在坐垫上吃饭。而西式饭厅则称为“ダイニングルーム／dining room”，是坐在椅子上吃饭的那种形式，通常紧邻厨房。只是和室的“居間”严格说来并非中文的客厅之意，除非是亲朋好友，否则通常不会让访客进“居間”。

不过现代日本市区大部分的家庭住宅寸土寸金，即便家中设有和室，也很少有在现代算是奢侈空间的“床の間”。换句话说，设有“床の間”的榻榻米房距离玄关最近，房内也空无一物；但摆有各式家具的“居間”榻榻米房距离玄关最远。

最常见的例子是“居間”榻榻米房和设有“床の間”的“座敷”相毗邻，中间用纸门隔开，碰到大批亲朋好友来家中时，只要卸下或打开纸门，便可以连成一间大房间。而这类房间通常面对院子，设有“縁側”（えんがわ／engawa，走廊）。

▶ 缘侧

“缘側”又分为两种，一种是设在落地玻璃窗内的“榑缘”（くれえん／kureen），另一种是设在玻璃窗外的窄廊，被称为“濡缘”（ぬれえん／nureen）。前者位于屋内，后者位于屋外，二者之间不但有落地玻璃窗相隔，玻璃窗外还有“雨户”（あまど／amado）。简单说来，“榑缘”是让人观赏院子之处，夜晚再关上玻璃窗和“雨户”，而窄廊的“濡缘”就任其被风吹雨打。

如今，在日本都市区已经很少能见到这种建筑样式的住宅，但是乡村仍很常见，邻居可以直接从院子进来，不进屋而跟主人坐在“濡缘”上喝茶聊天。

我家虽然没有“榑缘”，但一楼有个设有“床の間”的六叠榻榻米房，外面就有个小小的“濡缘”。只是家中有养猫，平常不开窗，这个小小的“濡缘”几乎派不上用场，变成我家猫咪和别家猫咪隔着落地玻璃窗彼此龇牙咧嘴的虚拟攻防战场。

从前我跟前任婆婆同住时，因为住的是纯日式建筑房子，不但有“榑缘”也有“濡缘”。而且屋内的“榑缘”自面对院子的三间和室一直延伸至玄关，再转个圈绕至房子正中央。简单说来，就是一楼有面向院子的六叠、六叠、八叠三间和室，八叠房正是有“床の間”的房间，隔着走廊的里屋内另有两间铺有地毯的洋式房间，其他是饭厅、厨房、浴室、厕所等。浴室、厕所都是木制的，连浴缸也是最高级的桧木制圆筒形浴缸。

那条走廊的长度相当于绕了屋子一圈，我每天光是用抹布擦那条走廊，就擦得我满心哀怨：早知道住这种房子会这么辛苦，当初应该住小公寓就好，而且还要定期涂蜡。不过现在想来，那栋房子在都市区算是极为奢侈的建筑，换算成目前的房地产价格，至少要九位数日元才买得起。

“雨户”（あまど／amado）是落地玻璃窗外另一层防盗、防台风的门，有木制的也有铝制的。平日都收在“户袋”（とぶくろ／tobukuro）内，依窗户大小有两扇、四扇或六扇，甚至更多。关“雨户”时是自“户袋”内一扇一扇地拉出，横向滑动，所以我在翻译时都译成中文的“滑门”，或者直接用原文“雨户”反倒不会令读者不明所以。

日本家庭住宅通常每个房间的玻璃窗外都有设置“户袋”和“雨户”，也就是说，玻璃窗外是“网户”（あみど／amido，纱窗），最外一层是“雨户”。

不过除非全家人必须出远门，几天都没人看家，或碰到大规模台风将来临，否则现代都市区家庭很少有人会每晚定时关“雨户”。另外，“雨户”只能在内侧上锁，从外面打不开，就防盗这点来说确实非常有效。

倘若在日本看到所有窗户都关上“雨户”的房子，就表示那栋房子若不是空屋，便是屋主出远门去了。

正座（せいざ / seiza）

相信有不少人都知道日本人“正座”（せいざ / seiza，跪坐）的习惯。而且这习惯似乎是日本人的专利。虽然现代日本年轻人从小就习惯了坐在椅子或沙发上，但在拜访别人家时，若是被请进和室（榻榻米房），除非主人关照说可以改为随意坐式，否则还是得乖乖跪坐在“座敷团”上。

据说这种跪坐方式始于室町时代（1336—1573）末期，在

入和室时正座姿势

入和室后正座姿势

这之前，日本人的坐法跟韩国人相同，男人是盘坐，女人是竖立单膝半跪坐。后来茶道室被设计为很小的一个房间，盘坐时会碰到邻人膝盖，因此才改为跪坐方式。

另一种说法是，室町时代末的女人和服下摆变成直筒式，无法保持竖立单膝坐法，于是改为跪坐。但当时仍只限正式场合或宗教、茶道仪式才这样坐，江户时代中期才普及到一般百姓之间。

拜访日本人家和室时，正式礼仪是先在房外跪坐着，双手平贴膝前，道句“失禮します”（しつれいします／shitsureishimasu）再进房。进房后，也得先寒暄几句才能跪坐在坐垫上。当然啦，亲朋好友之间不用讲究这么多，不过在进房与退房前也得微微躬身表示礼貌。

这些都是一种日本式境界通行仪式。日本各地乡村村境都有“地藏”（じぞう／jizo）雕像，村人进出时会在地藏菩萨前合掌祈求旅途平安，或报告已平安回来等事。将这种习俗缩小至住居或房间单位，就变成上述那种外国人可能会感到烦冗的礼仪。

不过，这种境界通行仪式并非只有大和民族才有。阿尔卑斯山或安第斯山脉等全球主要山脉山顶都留有许多古代祭奠遗迹。古代希腊斯巴达王善战，但每逢远征时也都会在国境祭拜宙斯神，占卜胜败。

只是，将这种境界通行仪式不厌其烦地搬到家中的大概只有日本人吧。韩国人或许也有类似规矩，不过我不是特别了解，只知道“正座”坐姿在朝鲜半岛似乎是一种罪人刑罚。

而古代中国人直至汉代仍是席地而坐，这个“坐”，意思便是跪坐。《史记集解》中就说明“坐，跪也”，这一点可以在出土的古玉器或陶俑中求证。当时的坐姿有跪坐、蹲坐、踞坐，等等，而且在所有坐姿中，跪坐最文明，据说古人下衣是开裆裤，跪坐是为了防止下体露出。到了南北朝，佛教进入中国以后，中国人看到尊贵佛像都坐在某种器具上，这才自西域引进胡床，逐渐演变为桌椅文化。

日本明治时代的学校教科书甚至将跪坐列为标准坐法，昭和时代中期以后，日本的西化速度比喷射机还快，对习惯了桌椅文化的现代日本人来说，跪坐等于是一种苦行。

然而即便是 21 世纪的今天，有些场合仍不得不跪坐。最普遍的例子就是葬礼，我曾经以吊客身份或丧家立场参加过无数次葬礼，身为吊客时还好，顶多跪坐着烧支香而已；但是身为丧家，就得一直跪坐到吊客全部烧完香才能起身。一两个小时（有时甚至更长）跪坐下来，起身后走路时都会东倒西歪。

不过现代有一种专门用在跪坐时垫在屁股下的小凳子，用这种小凳子跪坐的话，从正面看上去，完全看不出有小凳子辅助。倘若葬礼是在佛教寺院进行，寺院方面都有准备这种小凳子给丧家亲戚用；如果丧家选择公墓方式的葬礼，那么通常都是椅子式，丧家与吊客都不用跪坐。

炬燵、火燵（こたつ / kotatsu）

日本有一首几乎人人都会唱的童谣《雪》（ゆき / yuki），第二段歌词是：

雪（ゆき）やこんこ，霰（あられ）やこんこ。
降（ふ）っても降（ふ）ってもまだ降（ふ）りやまぬ。
犬（いぬ）は喜（よろこ）び庭（にわ）駈（か）けまわり、
猫（ねこ）は火燵（こたつ）で丸くなる。

意思是：下雪了，下冰雹了。下呀下呀下个不停。狗狗高兴得在院子乱跑，猫咪在暖桌内窝成一团。

这首童谣于 2007 年被选为“日本歌百选”（にほんのうたひゃくせん / Nihon No Uta Hyakusen）之一，作词与作曲者均不详，只知道已有百年历史，因此我说几乎人人都会唱并非空口无凭。

从这首童谣歌词看来，日本每逢冬天，猫咪跟“炬燵”是不分家的。当然并非猫咪生性便这样，而是狗狗不怕冷，猫咪却很怕冷，如果房内没有空调，只有“炬燵”跟“石油ストーブ”（せきゆストーブ / sekiyusuto-bu，煤油炉）的话，对猫咪来说，房内最暖和的地方正是四周都有棉被围住的“炬燵”里面。附带一提，“食”篇中提到的“上を向いて歩こう / うえをむいてあるこう，别名：スキヤキ、SUKIYAKI”那首歌，也被选入“日本歌百选”中。

“炬燵”翻译成中文是暖桌，不但是俳句的冬天季语之一，更是日本人于冬天时一家团圆的主要道具。以前是在一个矮桌形方格木框下固定着以红外线发热的器具，再于上面铺一床方形棉被，最上面是桌面。桌面内侧是呢绒，翻过来时可以作麻将桌。收起棉被，就变成夏天用的矮桌。

现代的暖桌都设计得非常雅观，一眼根本看不出是“炬燵”，而且也不再限于方形，形状逐渐趋于类似搁在设有“床の間”榻榻米房的客用长方形高级矮桌。

冬天时，靠在“座椅子”（ざいす／zaisu）上，下半身全窝进暖桌内取暖，甚至可以把棉被盖在胸前，边吃橘子、米果边看电视或聊天，是日本人在冬天居家时常见的光景。尤其是

➢ 暖桌

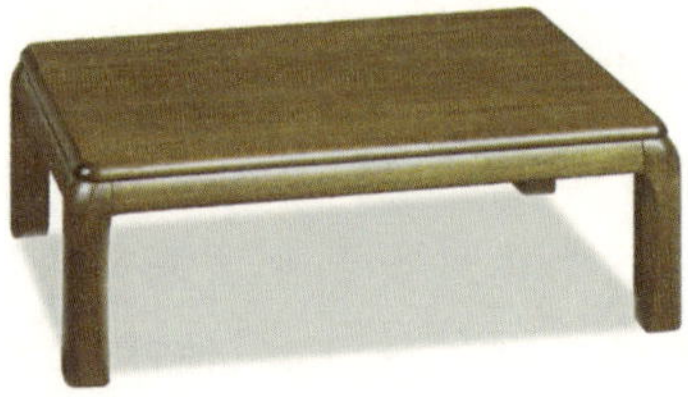

▶ 暖桌在夏天可以变成普通矮桌

▶ 暖桌与橘子分不开

元旦长假时，有些日本人整天窝在暖桌内看电视，不出门远游或回乡探亲，日语称这种状态为“寝正月”（ねしょうがつ／nesho-gatsu）。

“炬燵”本来是榻榻米房家具，即使是地板房或铺地毯的房间，甚至地面是瓷砖的房间，也可以用，因为“炬燵”下面还要铺一层类似地毯的薄棉被。这种暖桌专用棉被种类非常多，可以成为房内装饰品之一。

不过，坦白说，暖桌有个坏处，就是坐进去以后，除非万不得已，否则真的懒得起身做任何事，既暖和又舒服，只要桌上摆满各式食品，你可以饭来张口，衣来伸手。

近几年日本流行一人用迷你暖桌，正方形，虽然可以随处搬动，但真的很小，有 30 厘米和 60 厘米两种尺寸。据我在日本的猫友们说，他们都买这个当作猫咪专用暖桌。养猫人凡事猫咪至上，在猫咪面前，猫奴永无翻身之日，而且奴从得很幸福。

另外有一种“掘り炬燵”（ほりごたつ／horigotatsu），是可以坐在地板或榻榻米伸长腿取暖的建筑方式，算是一种地下室“炬燵”。这在和式餐厅、和式居酒屋或温泉旅馆很常见。

汤たんぽ（ゆたんぽ / yutanpo）

“汤たんぽ”（ゆたんぽ／yutanpo）就是中国的汤婆子，一种用铜锡制成的扁圆形暖壶，里面装上热水，可以放进棉被内取暖。据说中国宋代时便有了，明朝时传入日本，日本人在“汤婆”一词上加上一个“汤”字，表示是装热水的容器，以免跟澡堂泡汤的“汤”（ゆ／yu）（洗澡热水）混合。

中国古代诗人黄庭坚有两首《戏咏暖足瓶》诗：“小姬暖足卧，或能起心兵。千金买脚婆，夜夜睡天明。”“脚婆原不食，缠裹一衲足。天日更倾泻，颓面有余燠。”清代徐珂所编撰的《清稗类钞》在物品类中也把汤婆子描述成：“铜锡之扁瓶盛沸水，置衾中以暖脚。宋已有之，苏东坡致杨君素札云：‘送暖脚铜缶一枚，每夜热汤注满，塞其口，仍以布单衾裹之，可以达旦不冷。’即指此也。”

提到这个汤婆子，我想起从前跟前任婆婆同住时，每逢冬天，她总是要烧开水装进汤婆子内，再用毛巾裹起，搁在被窝内脚跟旁。在中国台湾高雄市长大的我，之前从未见过汤婆子，当时还觉得很有趣。

现在年纪大了，身体逐渐禁不起冷，才理解汤婆子的好用，所以就算家中有空调，仍会准备一个汤婆子，晚上睡觉时搁在脚跟旁，确实不会因为手脚冰冷而辗转反侧。

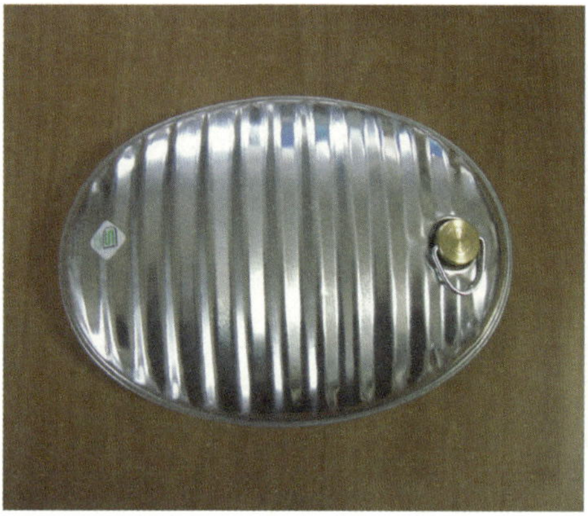

➢ 旧式汤婆子

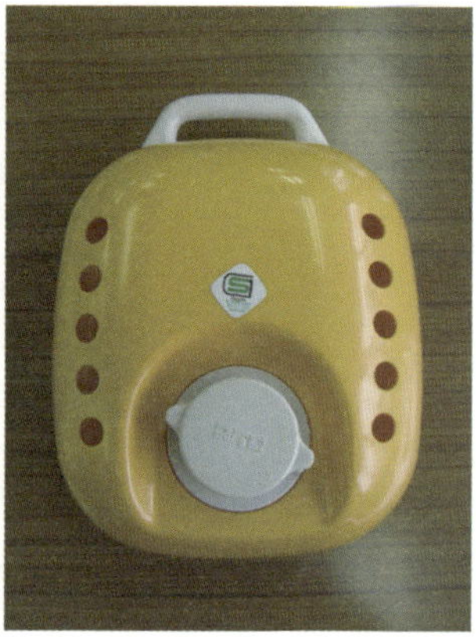

➢ 现代汤婆子

本来以为现代日本年轻人对这种旧时代老道具不感兴趣，不料 2007 年因石油涨价，煤油贵得很，烧煤油炉不经济，汤婆子反倒成为抢手货，甚至还跃升为年终人气礼品之一。

这也难怪，只要到家电商场去看，可以发现现代的汤婆子种类非常多，而且包裹汤婆子的布包花样超级可爱，甚至有微波炉专用的汤婆子，会受年轻女孩青睐也是理所当然。

江户时代第五代将军德川纲吉就有个狗狗外形的陶制汤婆子，存留在栃木县日光市轮王寺。想到身为将军身份的人竟然搂着个狗狗汤婆子睡觉，真会令人失笑喷饭，却也对这位历史人物萌生亲近感。

现代有各种动物形状的汤婆子，其中也有猫咪形的，只是对我们这种养猫人家来说，世上没有比活猫咪更舒服的汤婆子了。

围炉裹（いろり / irori）

简单说来，“围炉裹”（いろり / irori）就是没有烟囱的火炉，通常在地板上挖个边长 90 厘米或 180 厘米的正方形洞窟，里面烧木材或木炭以取暖，是一种日本传统建筑样式。

“围炉裹”的中央垂挂着一根吊在天花板上的“自在鉤”（じざいかぎ / jizaikagi），可以挂铁壶、铁锅用来做饭，因为“围炉裹”无法调整火势大小，只得调整上方的铁壶、铁锅高度以控制火力，因此取名为“自在鉤”。

➢ “围炉裹”

除了可以在四周插上以铁签串成的鲜鱼烤鱼，更可以在灰烬内埋番薯或其他食材来烤。碰到雨天无法晒衣服时，在“围炉裹”四周撑起木架，便能烘干衣服。

从前没有电的时代，“围炉裹”也是一种照明用具，冬天时全家人都围在“围炉裹”四周取暖、喝茶、吃饭、聊天。现代日本都市区已经很少能见到这种建筑，但是在某些乡村农家仍保存着此类传统建筑。一些山间民宿也以“围炉裹”为特色吸引旅客。

由于日本传统民家建筑的屋顶都是茅草，“围炉裹”焚烧木材时的烟有烟熏作用，可以让茅草屋顶增强防水、防蛀效用。世界遗产岐阜县“白川乡五箇山”（gifuken shirakawago-gokayama）“合掌造集落”（がっしょうづくりしゅうらく／gassho-zukuri）民家，便都是这类茅草屋顶。

这种建筑样式自纪元前10世纪之前的“縄文时代”（じょうもんじだい／jo-mon Jidai）便有了，前面提过的“炬燵”正是一种变形的“围炉裹”。

▶ 火筷子

▶ 现代桌上型“围炉裹”／photo by © Tomo.Yun

“自在鉤”下方通常是鲷鱼或鲤鱼形状的木制、金属制物，是平衡用的“横木”（よこぎ / yokogi）。此外，“囲炉裏”内也可以搁金属制“五德”（ごとく / gotoku，支架），上面搁“自在鉤”无法承担的大铁锅，用来烹煮火锅料理。而用来翻转木炭的金属制长筷子则称为“火箸”（ひばし / Hibashi）。现代有一种中央是“囲炉裏”构造的桌子，很多韩式烤肉店或民宿餐厅都用这类桌子。

音姬（おとひめ / otohime）

日本人视“風呂場”（ふろば / furoba，浴室）为净身场所、厕所为污秽场所，因而浴室与厕所通常分开使用，不像西方国家在浴室内设有马桶。而厕所既是污秽场所，生性爱干净的日本人便会尽量把这个污秽场所装饰得美轮美奂。于是，小挂画、干花、芬芳剂、冲洗式马桶、温热马桶坐垫、坐垫纸等，应有尽有；洗手后还有热风烘手机供您烘干双手。

这些道具或许国外也有，不过，日本可能有一项东西是全球绝无仅有的，那便是“音姬”（おとひめ / otohime）。音姬的作用是什么呢？简单说来，是遮掩如厕时的声音的装置。这装置一般仅限女生厕所，日本男性也不见得有福享受。

为什么需要用音姬“掩人耳目”呢？原因是日本女性如厕时，很在意别人听到自己的淙淙流水声或澎湃飞瀑声，因此，她们每次在关上厕所门时，第一件事便是先冲水，以免“天籁”外泄。根据统计，日本女性如厕时，平均冲水次数是 2.5 次。这样做，当然非常浪费自来水。

日本 TOTO 卫浴陶器公司（东陶）正是针对女性的如厕的这个习惯，于 1988 年 5 月发明出“音姬”。只要按下厕所内的“音姬”按钮，小天地内便会水声淙淙，女性们也就可以无所顾忌地放胆行事了。瞧，连名称也取得令人赏心悦耳。

而日本松下电气产业公司又在全国 43 处营业所装设 1500 个“音姬”进行实验，得出一年可以节省 6400 万日元水费的结果。

除了音姬，日本女性厕所还有一项令外国人啧啧称奇的习惯——“卷筒纸三角摺”（トイレットペーパー三角折り / toilet paper sankakuori）。

此处所谓的“三角摺”，折的可不是千羽鹤，请大家不要误会。曾经去过日本百货公司或公共设施女厕所的人，一定都看过壁上的卷筒纸折成三角形的样子吧。

据说以前东京某家五星级饭店为了节省经费，将本来使用的双层卷筒纸换成单层卷筒纸，只是单层卷筒纸太薄，会黏住下一层厕纸，客户不好用，有位员工便将卷筒纸前端折成三角形，以便客户使用。我家向来都使用双层卷筒纸，正是嫌单层卷筒纸会黏住，而且上大号时一次要拉很长才够用，太麻烦，双层卷筒纸就没有这个问题。

此做法后来演变成清洁公司女性员工之间的暗号，表示“这间厕所已经清扫过了”。不知自何时、何人开始仿效，这暗号竟然迅速传开，以至于大部分日本女性在如厕后为表示自己有教养，纷纷有样学样。

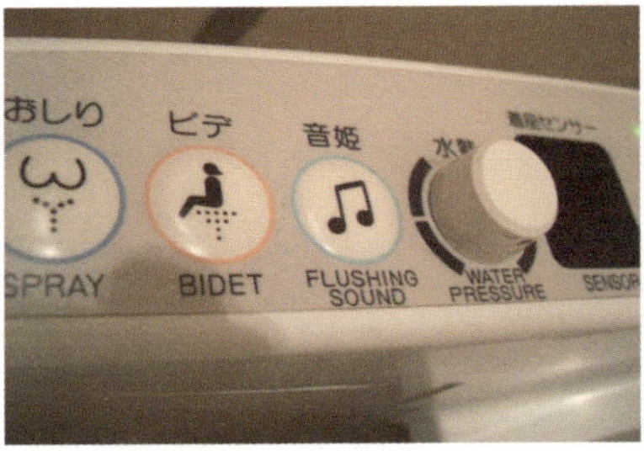

➢ 现代马桶上的音姬

➢ 厕纸三角折

以前刚流行时，有次我问同性好友："那个折纸，应该是洗手前折的吧？那，我们去摸那个折纸时不是很脏？"

好友似乎从来没想过这个问题，一时哑口无言，眼珠溜了一圈，再回答我："我们用卫生纸时也是洗手前啊，彼此半斤八两，没人吃亏呀。"

原来如此。有道理。

又有一次，我在某家百货公司女厕所内撞见一位老太太。她一边莫名其妙地望着马桶一边嘀咕："大都市的厕所怎么比乡下的还落后？只听见水声，看不到水流出来……"害我赶忙上去告诉她："阿姨，您按错了，那是音姬按钮！"

不过，现代日本女性已经不再于如厕后把卷筒纸折成三角形了，这样做会令清洁公司员工误会同事已经清扫过而略过那间厕所，所以一般人用过后还是不要多管闲事为好。现在的"音姬"也不再需要按钮，已经进化到人一坐（或蹲）在马桶上便会自动传出流水声。

日本有家公司最近发明出可以把卷筒纸自动卷成三角形的卷纸器，而且还申请了"特許"（とっきょ／tokkyo，专利）。这是为了让年纪大的人或行动不自由的人在上厕所时，方便拉那个厕纸。我个人觉得这种自动卷纸器设计得很贴心。

顺便提一件事，到了我这个年纪，指尖会逐渐不再分泌水分、油分，看书时，有时候无法翻页，必须舔一下指尖才能翻页。当我还年轻时，看到中年人舔指尖数钞票或翻书页，总觉得很不雅观，现在才知道那是年龄在作怪。所以奉劝各位年轻朋友，看到中年人或老年人如此做时，将心比心，千万不要对他们皱眉头，毕竟总有一天会轮到你们不得不这样做。

卫洗丽（ウォシュレット / woshuretto）

提起日本的“便器”（べんき / benki，马桶），我想大概是全球设计得最令人窝心的；而提到日本一般家庭的厕所，也很可能是全球最别具一格的。

前面提过日本住宅的厕所跟浴室是分开的，因此与厕所有关的装饰品真是五花八门，外国人看到日本一般家庭的厕所，都会瞪大眼睛以为闯进一个女人专用的化妆间，琳琅满目。

➤ 日本家庭厕所

光是马桶就有各式各样成套的垫子：马桶盖套子、坐垫套子、脚踏垫子；卷纸器也有套子，另有一双厕所专用拖鞋和清扫用具，以上是基本装备。其他就依各人喜好在墙上挂月历、小玩意儿，或在窗口挂窗帘、布帘，摆置鲜花、玩偶，有些人甚至在厕所内特地设置书架。

而且因为厕所是独立小房间，上方通常有个壁橱，以便搁放卷筒纸或其他用具。这些装饰品可以按季节更换，光是换成套垫子，厕所就会按春、夏、秋、冬而有不同氛围。

旅馆和饭店、餐厅、百货公司、超市等公共设施没有这种私人装备，顶多有一次性的坐垫纸而已，因此观光客罕有机会瞧见一般日本家庭的厕所，不过日式旅馆的厕所和浴室也是分开的，饭店则跟西式一样，把马桶设在浴室内。

都市区的租赁小公寓为了省空间，也通常把马桶设在浴室内，但是个人购置的家族式公寓，厕所与浴室也同样是各自独立的空间。

至于马桶，现在到百货公司或医院、餐厅，甚至是高速公路的休息站，可以发现大部分上述公共设施的厕所马桶已换成由 TOTO 公司国产化的卫洗丽（ウォシュレット／woshuretto）式马桶。就是如厕后，只要按马桶坐垫旁的按钮盘，会依按钮功能而喷出温水自动洗净肛门，并有温风烘干功能。有些按钮盘甚至有 30 多种用法。

我在千禧年因癌症住院开刀时，日本医院内的厕所就都是这类马桶了，对病人来说，的确非常方便。但是现在若碰到这类马桶，我通常不会去动那些按钮，一来用不习惯，二来为了省事，还是用卷筒纸比较快。

我家楼上、楼下各有一间厕所，两个马桶的“便座”（べんざ／benza，马桶圈）都有加热设备，只是厕所必须经常清扫，有电线与插头反倒非常麻烦，而且总觉得不安全，怕万一漏电，于是就全部拆掉了。反正套上马桶圈套子，冬天时就不会冰凉得便不出来。

「游」

東京（とうきょう / Tokyo）

东京是江户时代德川幕府闭幕后，明治天皇与新政府迁移至江户时，为了表示不放弃原本的京城京都，而把德川幕府的首都“江户”（えど／edo）改名为“东京”。意思是从京都地理位置看来，“东京”是位于东方的另一个京城，但实质上在当时已经是日本首都了。

明治天皇于 1869 年迁都时，特地花了三个星期，自京都慢条斯理地前往江户，就是为了接受沿途各地民众的欢迎，也等于是一种宣传秀，毕竟当时没有电视机。

东京人口约有 1280 万人（据 2008 年 2 月统计），不过这是行政上的数字，也就是拥有“住民票”（じゅうみんひょう／ju-minhyo，户口）的居民。若包括白天通勤、上学的人口，大约有 1500 万。

所谓“東京大都市圏”（とうきょうだいとしけん／Tokyodaitoshiken）、“首都圏”（しゅとけん／shutoken），英文称为 greater Tokyo area 或 Tokyo metropolitan area，人口更多达 3500 万人。

首都圏指的是一都三县：东京都（とうきょうと／Tokyoto）、神奈川县（かながわけん／Kanagawaken）、千叶县（ちばけん／Chibaken）、埼玉县（さいたまけん／Saitamaken），即以东京“都心”（としん / Toshin）为圆心，半径 70 公里以内的范围。

东京二十三区是特别行政区，这个“区”（く / ku）相当于英文的 city，也就是其他县的“市”（し / shi）。而“都心”指的是中心区域的千代田区（ちよだく / Chiyoda-ku）、中央区（ちゅうおうく / Chu-o-ku）、港区（みなとく / Minato-ku）。

东京圈是全球规模最大的都市圈，也是全球规模最大的经济都市，光是东京都的 GDP，就将近 8800 亿美元，超越了巴西、韩国、印度等国整个国家的 GDP。而首都圈则有 1 兆 5600 亿美元，比加拿大、西班牙整个国家还要多。至于日本全国的 GDP，则仅次于美国，居全球第二位。（2008 年）

东京的交通线路如蜘蛛网，连常年住在东京的人也需要一本指南手册才能搞清楚该怎么换车。换句话说，除了每天从自家到公司的固定路线以外，几乎没人能掌握整个东京圈的交通网。

东京也是全球首屈一指的美食都市，根据法国米其林美食指南于 2007 年 11 月的评分，东京有 8 家三星餐厅，仅次于法国巴黎，其他获得星级评分的餐厅则将近 200 家，居全球第一位。

东京的观光地区多不胜数，在此就不详细介绍了，仅针对外国人时常提出的某些基本疑问做个简略说明。

许多外国观光客到东京，会发现东京与千年京都迥然不同，几乎没有名胜古迹或历史悠久的建筑物。这是因为 1923 年关东大地震与 1945 年东京大空袭，将整个旧东京化为灰烬。皇居、浅草寺、明治神宫等重要文化建筑物都是二战后重建的。

而战后重建的许多建筑物也因 20 世纪 80 年代以后的泡沫经济，经过大规模开发建设，全部改头换面。侥幸逃过战祸的建筑物仅有东京车站、国会议事堂、“旧”第一生命馆（现为 DN Tower 21）。

国会议事堂于大正九年（1920 年）开始建设，中途因关东大地震而耽误工程，直至昭和十一年（1936 年）才竣工。当时日本的近代建筑物几乎都请西洋人设计，材料也自西方进口，但是日本政府为了证明日本的近代化水平，在建造国会议事堂时，从设计至材料，几乎全采用国货。只有三样东西是舶来品：英国制彩色玻璃、美国制邮筒和门把。总工程费在当时是 2573 万日元，换算成现代的货币价值，要高达数千亿日元。

➢ 国会议事堂

“皇居”（こうきょ／ko-kyo）是天皇的居所，英文是 The Imperial Palace，地址是东京都千代田区千代田一番地，很多日本人都将“本籍”（ほんせき／honseki，籍贯）设在皇居。“本籍”本来指历代祖先的出生地，只是在日本有法律效力的通常是现地址的“住民票”，因此可以随意更动籍贯，甚至可以把籍贯设在富士山山顶或无人岛。而有些人明明在东京出生，却因父母籍贯在大阪或其他地区，为了表示不忘记父母，便把自己的籍贯设在双亲籍贯所在地。

在日本用到“本籍”户籍誊本的情况，通常只限因结婚（离婚）而必须另设户籍或办护照时，所以籍贯设在哪里其实都无所谓，最重要而且经常用得到的是现住所的住民票。只有住民票才能证明你是哪个县市的合法居民。

➤ 江户城皇居外护城河

皇居总面积是 1.42 平方千米，比起都心三区的总面积 42 平方千米，只占 3.3%，却因大部分都是森林，对东京的热岛现象有不容忽视的缓和作用。宫殿总面积是 22949 平方米，只住着第 125 代今上天皇（きんじょうてんのう / Kinjyou Tennou，the Emperor）和美智子皇后（みちここうごう / Michiko Ko-go，the Empress）。（2008 年）

天皇没有姓氏，只有名字，因为天皇处于赐予姓氏给部族首长或豪族的地位，没有姓氏是理所当然的。另一个原因是日本自建国以来从未改朝换代过，天皇家祖先可以一直回溯至神代时代，因此没必要冠姓。今上天皇的“諱”（いみな / imina）是“明仁”（あきひと / Akihito），而皇太子的“諱”是“德仁”（なるひと / Naruhito），称号是“浩宮”（ひろのみや / Hironomiya）。（2008 年）

“宫内厅”（くないちょう / kunaicho，Imperial Household Agency）总部位于皇居内，有 1000 多名员工，每年经费约为 180 亿日元，其中宫廷费只占 62 亿日元。皇宫警察人数约为 1000 名。

一般平民在电视上可以经常看到天皇一家人，如果想亲眼看见天皇本人，可以在元月初二和 12 月 23 日天皇生日这两天，进皇居正门二重桥向天皇祝贺。这两天，天皇一家人会在阳台上隔着玻璃窗几度向大众挥手。另外，倘若参与为期四天的皇居清扫义工团队，也可以拜见天皇。不过无法以个人身份报名，必须召集 15 名以上、60 名以下的团体才能报名。

东京的象征是东京铁塔（東京タワー / Tokyo Tawa），1958 年竣工，建设工程为期 11 个月，高 322.6 米。为了避免空难，

▼东京铁塔

法律规定颜色是橙、白两色，每隔 5 年重新涂一次。美国旧金山的金门桥也是橙色。

此外，虽然东京有很多“展望台”（てんぼうだい／tenbo-dai），但因东京铁塔位于东京中心，对外国观光客来说是最有人气的展望台。北边是皇居等都心地区，东边是东京港“レインボーブリッジ”（Rainbow Bridge，彩虹大桥）那一带的湾岸地区，西边是六本木与新宿副都心摩天大厦地区，正下方还有德川将军家菩提寺之一的增上寺（ぞうじょうじ／Zo-jo-ji），刚好是最适合说明东京历史及其改观过程的场所。

“淺草寺”（せんそうじ／Senso-ji）位于台东区浅草二丁目，建于 645 年，在东京原本是历史最悠久的古刹，而且是平民建立的寺院，只是在二战的东京大空袭中被烧毁，目前的浅草寺是战后 1958 年重建的。

入口正门统称“雷門”（かみなりもん／kaminarimon），正式名称为“風雷神門”（ふうらいじんもん／huraijinmon），门右方是风神，左方是雷神。“雷門”和中央垂挂的红色大灯笼都是松下电气公司创始者松下幸之助（まつした　こうのすけ

➢ 东京湾

➢ 彩虹大桥

／matsushita konosuke）于 1960 年捐赠，所以大灯笼下写着松下电气公司名称。大灯笼直径为 3.3 米，高 3.9 米，重 700 公斤，是浅草的地标（ランドマーク／Landmark）。每年拜者多达 4000 万人，居全日本首位。

“银座”（ぎんざ／Ginza）位于中央区，是日本规模最大的高级商业区。地名来源是往昔江户幕府铸银公会位于此地，“银”是银子之意，“座”是公会之意。比起其他商业区，银座给人的印象是高尚、文雅，那一带聚集了占全日本 1/4 的“画廊”（がろう／garo-，ギャラリー／gallery），而且“歌舞伎座”（かぶきざ／kabukiza）、“寶塚劇場”（たからづかげきじょう／Takarazuka Gekijo）等文化设施都在此地。

20 世纪 90 年代以后，Melusa、Hermès、Gucci、Chanel 等，

▶ 浅草寺雷门

▷ 银座和光时计台夜景

各大海外名牌公司均争先恐后地来银座开店。这也难怪，因为银座年交易额高达4000亿日元以上，仅次于新宿（しんじゅく／Shinjuku）车站东口那一带。

顺带提一句，银座的象征是柳树，地标则是“和光”（わこう／Wako-，SEIKO公司的子公司）的“時計台”（とけいだい／tokeidai）。东京有无数商业区，但在日本国内以及外国人之间，知名度最高的正是银座。所有有关东京的英文旅游指南，几乎都有银座四丁目的夜景照片。

至于新宿车站东口，指的是“歌舞伎町”（かぶきちょう／kabukicho）一丁目的“ゴールデン街／Go-Ruden-kai，黄金街”，那里聚集了3000家以上的酒吧、俱乐部、宾馆等，是个不夜城。不过，那一带的黑帮组织以及非法居留外国人很多，是欲望迷宫都市，也是外国人非法劳动者的新租界。

➤ 新宿夜景

反之，新宿车站西口则是摩天大楼聚集区，东京“都厅”（とちょう／tocho，都政府）正位于此地。摩天大楼之所以聚集在此地，是因为净水场于1965年迁移至20公里外的东村山市，下了腾山34万平方米的空地，加上地下有耐震地层，丁是成为新宿副都心而开始大规模建设摩天大楼。美国曼哈顿摩天大楼聚集处的地层条件也跟新宿差不多。

新宿车站的一天乘降人次有350多万（据2006年统计），若加上以地道连接的西武新宿（せいぶしんじゅく／seibu-shinjuku）车站乘降人次，则有370万以上。

我最怕跟人约在新宿车站的任何一个出口见面，因为路痴的我准会在车站内迷路，光要找出口就得花费许多时间。我家位于西武线上，可以直达西武新宿车站，所以对我来说，约在

东京都厅

西武新宿车站见面比较方便，但最方便的地点则是池袋（いけぶくろ / ikebukuro）车站，因为只要搭对快车，20 分钟便能抵达。

虽然池袋车站每天的乘降人次仅次于新宿车站，至少有 200 多万人次，但我曾在池袋车站东口那一带住过两年，也就是太阳城一旁，因此对池袋车站比较熟悉。当年太阳城刚开始建设，从我住的公寓房的窗口就可以看到耸立在眼前的大厦，如今那栋公寓所在之处也已经变成蓝色照明的丰田汽车展览场。

“秋葉原”（あきはばら / akihabara）现在虽然是东京著名的电器一条街，很多外国人都来此购买日本家电，但在二战刚结束时，那里其实只是个聚集贩卖收音机和“真空管”（しんくうかん / shinku-kan）二手货摊子的地区，而且主要顾客是东京电机大学（とうきょうでんきだいがく / Tokyo Denki University）学生。

后来随着科技高速发展，这里逐渐聚集了很多家电商店，之后又因为任天堂（にんてんどう / nintendo）的“FC”（ファミリーコンピュータ / family computer）普及到各个家庭，些跟游戏机有关的商店也都聚集在此。20 世纪 90 年代以后，“秋葉原”变成电脑游戏软件专卖店汇集之地，也就是在这个时期出现了“秋葉系 / アキバ系”（あきばけい / akibakei）以及“御宅族”（おたく / otaku）这类名词。

“御宅族”相当于英文的 mania（マニア），不过前者有负面揶揄之意，后者则完全是正面评价。也就是说，同样是热衷于某事，前者沉迷的对象是漫画或计算机游戏中的虚拟人物，而后者则是狂热喜欢特定物品的人。

➤ 秋叶原／photo by © Colin McMillen

不过，有一点务必要注意，“おたく／otaku”这个词用在普通会话中，意思是“你家”或“你”，而非指上述那种特定族群。

日本过去曾发生一起连环杀人案件，凶手专门诱拐3—7岁的女幼童，杀害后拍摄成影片，还寄挑战书给报社，由于媒体称它为“录像带otaku”，使得一般人对“御宅族”怀有负面印象，认为所有“御宅族”都是潜在性“变质者”（へんしつしゃ／henshitsusya，性变态者）。

在日本曾经风行一时的电影《电车男》的主角，严格来说也是“御宅族”一员，由于日本网络用词简称为“おた／ota”，结果被翻译成中文的“宅男”，意思跟日本原文完全脱离。“宅男（女）”的正确意思应该相当于日本的“引きこもり／

hikikomori”，是一种整天关在自己房内，不上学也不工作，更不与外界（包括家人）交流的心理疾病患者，需要接受心理专家的辅导。

而从“御宅族”衍生的词便是“秋葉系”。“秋葉系”不是“御宅族”，而是指聚集在秋叶原那一带年轻人的打扮和行为，简称“エー· ボーイ／A-BOY”或“エー· ガール／A-Girl”，算是一种时尚俚语。简单说来，就是对眼下的流行服饰毫无兴趣，穿着或出位夸张、或不修边幅的族群。

今天的秋叶原已经逐渐失去家电商业区性质，有不少著名家电商店都陆续关店，这是由于全国各地都有类似的大型家电连锁店，加上线上销售，消费者实在没必要专程跑到秋叶原去买。取而代之的是“女仆咖啡厅”（コスプレレストラン／cosplay restaurant）或“成人玩具商店”（アダルトショップ／adult shop），以及跟动画、漫画、同人志有关的商店，早已成为“御宅族”文化圣地了。

另外，或许是由于女仆咖啡厅的兴起，街上时常可以看到身穿女仆服装的年轻女孩在发传单。有些年轻女孩甚至故意穿露出内衣的服装，在众目睽睽之下表演街头秀，例如抱着电线杆高抬双脚，让一群蜂拥而至的男人用手机拍摄自己的内裤照片。

有些模特儿为了出名，穿着三点式内衣或泳装在街上扭腰摆臀让人自由拍照。2008 年 4 月就有一位自称是“杂志封面偶像”（グラビアアイドル／gravure idols）的 30 岁女子，因在秋叶原街上表演内裤秀，遭警方逮捕。让 5 月黄金周的秋叶原街头充满了警察，都是在限制这些过激的“表演”，连穿女仆服装招摇过市的女孩也全被拦截予以警告。

▶ 秋叶原的女仆咖啡厅员工街头秀 / photo by © OiMax

至于六本木（ろっぽんぎ / roppongi），无论外国人或日本人，大概首先会浮出“六本木新城”（六本木ヒルズ / Roppongi Hills）的夜景。那一带是新开发的 IT 企业商业区，除了地上 53 层、地下 4 层的“六本木ヒルズ森タワー”（ろっぽんぎヒルズもりタワー / Roppongi Hills Mori Tower，森大厦），还有朝日电视台大楼、六本木露天广场（ろっぽんぎヒルズアリーナ / Roppongi Hills Arena），等等。

附近还有个新兰区“东京中城”（东京ミッドタウン / Tokyo Midtown），标志性建筑是地上 54 层、地下 5 层的“ミッドタウン · タワー”（Tokyo Midtown Tower），高 248.1 米，是东京都内最高的摩天大楼，居日本全国第四位，于 2007 年 3 月开始营业。

在我的记忆中，从前的六本木是日本年轻女孩认识洋人的地区，那一带有很多外国大使馆和美军设施，以及以洋人为对象的餐厅、酒吧，街上行人大概有十分之一是洋人。

20 世纪 80 年代后半段泡沫经济时期，数十家大型迪斯科舞厅在六本木纷纷开张，由女性舞者到台上表演，这些女性舞者穿着突出三围的紧身服装或迷你裙，手持羽毛扇随着音乐在大舞台上乱舞，当时的媒体称之为“お立ち台ギャル”（otachidai gyaru）。

让女性舞者表演的舞台则被称为“お立ち台”（otachidai），这个词甚至荣获 1993 年日本“新語·流行語大賞”（しんご·りゅうこうごたいしょう／shingo. ryu-ko-go taisyo）铜奖，然而舞厅和这些风靡一时的“お立ち台ギャル”均随着泡沫经济崩盘而消失无踪。

我在监修冈野玲子的漫画《阴阳师》时，书中的对话中出现了这个词，让我情不自禁地苦笑出来。没住在日本国内也没经历过日本泡沫经济那种疯狂时代的人，怎么可能理解这个词的意思呢？连我家儿了都不太清楚了，何况是负责翻译的外国译者。

总之，千禧年之后，六本木逐渐面目一新，成为尖端企业商务区。而在那一带设立总部的高科技公司老板以及住在附近高级公寓的居民，均被媒体称为“六本木ヒルズ族”（ろっぽんぎひるずぞく／Roppongi Hiruzuzoku），简称“ヒルズ族”（ひるずぞく／Hiruzuzoku，新城族）。

代表性人物是“活力门”网站前任总经理堀江贵文（ほりえ たかふみ／Horie Takafumi），以及开设日本规模最大的电子商店街“乐天市场”的乐天株式会社会长兼社长的三木谷浩史（みきたにひろし／Mikitani Hiroshi）。

再来提一下“築地”（つきじ／Tsukiji）。我想，即便从未来过东京观光的人，也曾在各种旅游杂志看到过这个地名吧。“築地”，顾名思义就是填海开发的地区，位于东京中央区隅田川（すみだがわ／Sumidagawa）北边。想吃鲜鱼料理的人，只要到“築地市場”（つきじしじょう／Tsukiji Shijo），即便要排队等待，也绝对不会让你失望。

筑地市场是日本规模最大的批发市场，最有看头的场景是早朝的冷冻“鮪”（マグロ／maguro）“競り”（せり／seri，拍卖）。不过时间到凌晨五点半为止，地铁是五点左右开始运行，如果在五点半之前赶到市场，运气好的话，或许可以看到“競り”现场。以前可以自由参观，东京都政府在 2005 年 5 月起禁止一般人进去参观，不过还是有潜入机会。

接下来说一下位于“渋谷区”（しぶやく／Shibuyaku）的“明治神宫”（めいじじんぐう／Meiji Jingu）。明治神宫是东京 23 区规模最大的绿洲，总面积 712000 平方米，相当于 54 个“东京巨蛋”（とうきょうドーム／Tokyo Dome）。每年参拜人

➢ 筑地市场 1／photo by © Greg Palmer

➢ 筑地市场 2／photo by © Greg Palmer

次约有 800 万以上，光是除夕夜至新年初三便有 300 万人次的参拜客。在神宫内苑树林小道闲逛时，可以发现四周、上空都是郁葱茂密的树木，野鸟叫声叽叽喳喳，令人不敢相信这树林其实是人工林。

明治四十五年（1912 年）明治天皇驾崩时，国民希望在东京营建皇陵，无奈宫内厅已经在京都伏见勘定了土地，于是国民便发起在东京建设神宫的请愿运动，明治神宫由此诞生。

为了营造神社林，政府召集了当时众多精锐学者，指挥人物是本多静六（ほんだ せいろく／Honda Seiroku，1866—1952），中心人物是他的弟子本乡高德与上原敬二。本多静六是日本林学、造林学之父，也是日本最初的近代公园“日比谷公園”（ひびやこうえん／Hibiya ko-en）设计者，日本全国各地大约有百处以上的公园都出自他之手。

一般说来，日本的神社林大都以杉树为主，本多静六却打破常规，选择了槠、栎、樟、楠等常绿乔木。当时自全国各地征募来的供奉树木总计有 370 种、10 万株左右。

本多静六的造林方式是自然更新，就是日后不必再利用人工增植树木，任其自生自灭、自给自足，以便能一直维持树林的自然生态。这在当时是最先进的林学思想。据说当时参与植树活动的义工青年总计 11 万人，造林时间是 6 年。

明治神宫内苑所有树木的荣枯盛衰都经过严密计算。按照计划，第一次林相的主树是松树，这是为了保有神宫初建时的威容与景致。数十年后的第二次林相，树林最上层的松树大致开始枯萎，变成丝柏、花柏、扁柏等针叶树支配树林最上层。第三次林相是百年后，由橡、栎、槠等常绿乔木占上风。第四次林相则在 150 年后才能显现出来，这时应该会出现常绿乔木的天然林，其他树木都会灭绝。

目前已过了将近百年，树林的成长与树木种类的增减完全按照当时的计划进行。只是树林的进化速度稍微快了些，而且利用野鸟传播种子的棕榈也在逐年增加。这是受东京平均气温逐年增高，加上都市上空特有的热气所影响。

日本气候四季分明，明治神宫内苑的树林也会随四季变化呈现不同风貌。

四月是樱花时期，不过当初造林计划中有“不栽种华丽花木”的规定，所以明治神宫内樱树不多。五月群树新绿欲滴。六月是菖蒲花开季节，菖蒲田内有 150 种五彩缤纷的菖蒲。之后是南池的睡莲盛开，直至九月。睡莲是“昭憲皇太后”（しょうけんこうたいごう／Sho-ken Ko-taigo）生前深爱的花，也是神宫内最重要的植物。七月是七夕祭，可以看到孩子们嘻嘻哈哈地在纸捻上写下今年的愿望，然后悬挂在竹叶上。十月下旬至十一月三日是明治天皇生日庆典期间，各种传统艺能都集中在这一时期上演，尤其是承袭了 1500 年之久的古式祭神仪式“流鏑馬”（やぶさめ／yabusame），又名“矢馳馬”（やはせうま／yahaseuma），最受外国人喜爱。这是弓箭手骑在马上一边奔驰一边射弓的仪式。十一月有菊花展，也是神社林枫红季节。元旦，每年都有 300 万名以上的参拜者前来许愿。二月，漫步在铺满积雪的参道上也是别有一番滋味。

神社林更是野鸟的宝库。目前能够确认的大约有 150 种。每年十月下旬到四月初，都有苍鹰来访。

初春时，自中国台湾飞来的“褐鷹鴞”（アオバズク／

➢ 明治神宫鸟居

aobazuku）可能是哈日族大前辈之一，而定居在南池的翠鸟（カワセミ／kawasemi）则是职业摄影师们的最爱。北池有“鸳鸯”（おしどり／oshidori），还有各种野“鴨”（かも／kamo）。

神宫内据说有十多种野鸭。另外，数量最多的当然是“乌鸦”（からす／karasu），每逢春天繁殖时期，漫步在神社林内，手中最好拿着一根神宫预备的竹棒，以免遭遇希区柯克（ヒッチコック／Hitchcock）那部电影中的惨状。这些野鸟的食物连锁生态也都在本多静六最初设计的蓝图内。所谓“前人栽树，后人乘凉”，我们这些后人除了佩服只能感到无地自容。

明治神宫终年开放，日出时开门，日落时关门。例如四月是早上 5 点 10 分开门，傍晚 5 点 50 分关门；五月则是早上 5 点整开门，傍晚 6 点 10 分关门。

南参道前的神宫桥紧邻 JR 原宿（はらじゅく／Harajuku）

➤ 新宿御宛银杏大道 / photo by © 坂井和明

车站与地铁千代田线“明治神宫前”（めいじじんぐうまえ / Meji-jingu-mae）车站，每逢周日会聚集许多 cosplayer。他们只是坐在桥上广场角落无所事事，当有人要求摄影时，会摆出各式各样的姿态让人拍照。拍照人除了观光客以外，据我观察，有不少是专业摄影师。

以前在电视、杂志上曾看过专题报道，说东京涩谷、原宿的年轻人文化发起人大部分是埼玉县的初、高中生。也就是说，她（他）们其实住在埼玉县，趁周末、周日到涩谷、原宿疯玩。现在情况不知如何，不过我想大概也跟以往一样，都是来自东京周边的埼玉县、千叶县、神奈川县吧。

▶ 明治神宫外苑车站

▶ 东京车站

横濱（よこはま / Yokohama）

横滨在首都圈是仅次于东京二十三区的大都市，位于神奈川县（かながわけん / Kanagawa-ken）东部。神奈川县总人口是 890 多万人（2008 年 2 月统计），人口密度居全国第三位，仅次于东京都、大阪府。而横滨市的人口就占到了 363 万人以上（2008 年 2 月统计）。

横滨最有名的观光地区是“中華街”（ちゅうかがい / Chukagai），已有 140 年的历史，聚集了 200 多家中餐厅（其中广东餐馆就占了 100 多家），以及 400 多家杂货、食品、工艺店，是东亚规模最大的唐人街。在首都圈内，我经常去的地方正是横滨中华街。

神奈川县由于有很多观光景点，每年的游客高达 1 亿 6000 万人以上，其中横滨市的游客是 4000 万人次，而光是中华街就占去 1800 万人次，比东京迪士尼乐园（东京ディズニーランド / Tokyo Disneyland）的 1300 万人次还多。不过东京迪士尼若加上海洋乐园（东京ディズニーシー / Tokyo DisneySea），则总计有 2500 万人次以上。

中华街内有两座庙宇，一座是有 140 多年历史的“关帝庙”（かんていびょう / kanteibyo），另一座是 2006 年 3 月开庙的“媽祖廟”（まそびょう / masobyo），据说是从中国台湾台南市

➢ 横滨中华街 / photo by © skyseeker

➢ 关帝庙 / photo by © skyseeker

大天后宫分灵渡海而来。

想看日本传统庭园的人可以到横滨市南边的“三溪園”（さんけいえん／sankeien），总面积是 17.5 公顷，里面有 12 栋国家重要文化财产，另有三栋横滨市指定有形文化财产，总计有 17 栋建筑物。2006 年 11 月被指定为国家观光胜地。

这儿原本是私人庭园，实业家兼茶人原富太郎（はら とみたろう／Hara Tomitaro，1868—1939）基于个人嗜好收集了许多国宝级美术品，并从全国各地购买古建筑物移至自家庭园，再公开给一般市民参观。关东大地震时，他为了复兴横滨市而献出私产，导致事业走上衰落之途。二战后，原家子孙将庭园捐赠给横滨市，市政府再设立财团法人重新整备庭园并陆续移筑贵重建筑物。

至于横滨的观光地新秀，则是“横濱みなとみらい 21”（よこはまみなとみらい 21 ／Yokohama Minato Mirai 21），简称“みなとみらい”（Minato Mirai，MM21）。面积约为 186 公顷，地标是全日本最高的横滨地标塔（横濱ランドマークタワー/Yokohama Landmark Tower），地上 70 层、地下 3 层，高 295.8 米。不过虽然是日本最高的摩天大楼，但在全球仅排行第 44 位。大厦 49 层以上是饭店，我曾经住过一次，只记得夜景很漂亮。经常在日本国内旅游的我，除非是很别致的日式高级旅馆，这类西式饭店通常不会在我的记忆中留下深刻印象。

总之，MM21 跟东京的大厦区差不了多少，我个人比较推荐中华街附近的“山下公園”（やましたこうえん／Yamashita Ko-en）。

此外，“八景島シーパラダイス”（はっけいじまシーパラ

➢ MM21

➢ MM21 夜景 / photo by © skyseeker

➢ 横滨地标塔

ダイス／Hakkeijima Sea Paradise）也不错，简称“シーパラ／sea-para”，是总面积约为 24 公顷的人工岛，非常适合情侣去玩，也是电视剧或电影的外景拍摄胜地，可以免费进入。我通常是去参观“水族馆”（すいぞくかん／suizokukan），顺便观看 107 米高、垂直降落时间是 90 秒的“ブルーフォール”（Blue Fall，轨道飞车）。

1998 年 4 月开业那时，这座号称全球最高、速度最快的轨道飞车，现在已被澳洲的 120 米轨道飞车超越，变成日本国内最高。有恐高症的我当然从来没试过，但在底下听上面人的哀号也蛮好玩的。虽然是个小岛，却可以带全家人去玩一整天。

大抵说来，横滨自从江户时代开港以来，始终是充满国际色彩的都市，或许正因为如此，对外国人来说反倒缺乏日本传统固有的魅力，因此外国人通常会忽略横滨而直接跑到镰仓观光。

鎌倉（かまくら / Kamakura）

镰仓位于神奈川县的“三浦半島”（みうらはんとう / Miurahanto-）。西边的镰仓市中心，是源頼朝（みなもとのよりとも / Minamoto no Yoritomo）于 12 世纪末设立镰仓幕府（かまくらばくふ / Kamakura Bakufu）时的“古都”（こと / koto）。

美其名曰“古都”，却不像千年古都京都那般是皇居所在，而是“武家政權”（Buke seiken / ぶけ せいけん）政治中心地。

➢ 镰仓车站

虽然已失去中世纪都市景观而成为国际观光名胜，但市内有很多历史遗迹，因此称其为“古都”也不为过。

由于镰仓幕府奖励禅学，因此有众多禅寺坐落于此。我去过镰仓很多次，至今仍未参观完所有的禅寺。

镰仓在明治时代是著名的东京近郊高级住宅区，也是夏目漱石（なつめそうせき／Natsume So-seki）、芥川龙之介（あくたがわ　りゅうのすけ／Akutagawa Ryu-nosuke）、川端康成（かわばた　やすなり／Kawabata Yasunari）等作家争先恐后置产居住的地区，并留下不少有关镰仓的作品，这些作家在日本被统称为“镰仓文士”（かまくらぶんし／kamakurabunshi）。不过这个词也已经成为“死語”（しご／shigo），现代作家因网络兴起，早就不流行这一套了，各自住在自己中意的县市，稿件通过电脑发送即可。

提到镰仓，最有名的应该是“高德院”（こうとくいん／Ko-tokuin）的铜制镰仓大佛（かまくら　だいぶつ／Kamakura Daibutsu），高约 11 米，重 121 吨，几乎完全保持铸造当时的原貌，因此被指定为日本国宝。

参观大佛时，从侧面注意看，会发现阿弥陀佛是驼背低头俯视众生的姿势。据说这意味着佛陀（ブッダ／budda）拯救众生，并且自下仰望也不会看到佛陀的鼻孔。目前只知道这座大佛于 1252 年开始铸造，却不晓得于何时完成。大佛本来被安置在大佛殿，但 1369 年和 1495 年的两次台风与“津波”（つなみ／tsunami，海啸）摧毁了大佛殿，之后的 500 多年来，镰仓大佛一直在外面任凭风吹雨打。

观光客可以参观大佛内部，只是内部非常狭窄，一次只能

▷ 镰仓大佛

▷ 大佛背部

让 30 人进去。我爬过两次，很累，最上层刚好是佛陀背部，开了两扇窗户供人俯瞰地面。

鹤岗八幡宫（つるがおか　はちまんぐう／Tsurugaoka Hachiman-gu-）也很有名，创建于 1063 年。正殿在 61 级石阶上，石阶旁有一株树龄千年以上的大银杏（イチョウ／icho），树干上绑着“注連縄”（しめなわ／Shimenawa），表示是神社内的神木。这株高大的神木要在秋天欣赏比较有风韵，发黄的银杏叶确实引人遐思。

“一の鳥居”（いちのとりい／ichinotorii），也就是“大鳥居”（おおとりい／O-torii），是德川幕府第十二代将军德川家庆（とくがわいえよし／Tokugawa Ieyoshi）建造的，是日本重

➢ 鹤岗八幡

▶ 鹤岗八幡宫大鸟居

▶ 大银杏

要的文化财产。“境内”（けいだい／keidai）名产是“银杏”（ぎんなん／ginnan）。请注意一下，银杏树是“イチョウ／icho”，但是果实被称为“ぎんなん／ginnan”，两者的汉字都写作“银杏”。

笔者个人建议大家在四月中旬至五月中旬，或正月初至二月下旬去参观这里，里面有牡丹庭园，品种繁多的牡丹盛开时绚丽多姿，不愧为花中之王、富贵花。

其他还有数不清的寺院，分布范围很广，不过根据我过去几次游逛的经验，最有人气的寺院是“宇贺福神社”（うがふくじんじゃ／ugafuku jinja），统称为“钱洗并天”（ぜにあらいべんてん／zeniarai benten）。洞窟内有天然灵水，名为“钱洗水”（ぜにあらいすい／zeniaraisui）。

真正的洗法是把中间有洞的硬币，例如 5 元或 50 元日币放在笊篱内，用灵水洗过后，一枚花掉，另一枚收藏在钱包内，就可以借此招福。意思是，随同硬币一起洗涤心灵的污垢，硬币便会成为福钱替主人招福。结果大家都认为洗了钱之后，钱可以生钱，有人甚至不惜取出万元钞票拼命洗。

反正是一种民间信仰且很有趣，倘若有人到镰仓玩，不妨找一下“钱洗并天”洗洗看。进洞窟前先买笊篱和一把香（合计 100 日元），点燃香后插在香炉内再进洞窟洗钱。不过我敢保证你会在当天就用光，镰仓车站前的商店区比明治神宫前原宿那条“竹下通”（たけしたどおり／takeshitado-ri）还要热闹，洗完钱回到车站时，早就分不清钱包内哪枚硬币是福钱了，终究还是会花在车站前商店区。

另一处值得一去的寺院是“长谷寺”（はせでら／Hasedara），不但有整齐排列的“千体地藏”（せんたいじぞう／Sentai Jizo），还有回转式“经藏”（きょうぞう／Kyo-so），只要转一圈便表示全部读毕所有佛经。

西方观光客的小孩子很喜欢转经藏，简直把经藏当成游乐园的游乐器，转个不停。东方观光客的小孩子对佛教比较熟悉，应该不会如此“无礼”。只是，我从未在长谷寺遇见来自东方的观光客，都是西方人，而且都看似一家人来日本自由行的，而非坐观光巴士走马观花赶路的旅行团。

最值得推荐的是展望台，能够观赏整个镰仓市和海景。如

▶ 钱洗并天

▶ 抽签绑在神社内

果在六七月去，8000 株绣球花景观更能令人忘了此处是寺院。不过在其他季节去也无妨，长谷寺庭园四季都有花木可以欣赏。五月去的话，展望台旁有个小巧玲珑的紫藤棚，坐在棚子内喝茶闻着紫藤香，也挺惬意。

➢ 长谷寺地藏

➢ 长谷寺展望台上看到的风景

箱根（はこね / Hakone）

箱根就是神奈川县和静冈县（しずおかけん / Shizuoka-ken）交界一带，位于伊豆半岛。由于箱根山是三层式火山，形状类似珍藏佛经的箱子，故名为箱根。

中央最高峰的“神山”（かみやま / kamiyama，1438 米）于 3000 年前爆发，所形成的破火山口湖便是“芦ノ湖”（あし

➢ 从箱根神社湖中鸟居望出去的芦之湖

のこ / Ashinoko，芦之湖），面积约 6.9 平方千米，是神奈川县内规模最大的淡水湖。

芦之湖标高 730 米，气温很低，但因为湖水不时上下循环，寒冬时也不会结冰。据说 4 摄氏度的水密度最大，不知为何，芦之湖湖面的水在冬夜都只降到 4 摄氏度左右，于是最上层的水会沉入湖底，而湖底的伏流水（ふくりゅうすい / fukuryu-sui）会上升，造成湖面永不结冰的景观。

湖水大部分是雨水，虽然有伏流水，但倘若四年都不下雨，芦之湖将会变成没有湖水的洼地。只是箱根年降雨量是日本平均降雨量的两倍，不可能四年都不下雨。

芦之湖是观赏富士山的最佳场所，但因邻近太平洋，海面

➤ 芦之湖上的海贼船

的湿润空气升至山顶时，会成为浓雾或雨水，因此一年中大约只有半年才能看得到富士山。尤其是六月，几乎完全看不到，最佳时期是十一月至次年二月。

每年正月初二、初三举行的“东京箱根間往復大学驛传競走”（Tokyo-Hakone kan O-fuku Daigaku Ekiden Kyo-so- ／とうきょうはこねかんおうふくだいがくえきでんきょうそう），简称“箱根駅伝”（はこねえきでん／Hakone Ekiden，箱根长程接力赛跑），起点和终点正是芦之湖，来回路程共计 217.9 公里。

第一次大会始于 1920 年，虽然在二战时曾中断，但也有一百多年的历史了（2008 年是第 84 次大会）。大会期间电视台都会做实况转播，这早已成为日本元旦时期的保留节目之一。在家过“寝正月”的人大都会看这个节目。

箱根神社位于芦之湖旁，对神社有兴趣的人不妨去参观一下，最好从参道进去，不要偷懒走近路。而附近还有“箱根关所”（はこねせきしょ／hakone sekisyo），也就是以前的关卡，建于 1619 年，是德川幕府时代 53 个关所之一，而箱根关所是规模较大、把关严厉的要地。当时对“入铁砲、出女”（いりてっぽう／Iriteppo、でおんな／Deonna）检查极为严格，简单说来，就是对带武器进江户的人以及从江户出去的女人，检查特别严格。

由于箱根是火山地带，有无数温泉，春天可以赏樱，秋天有红叶，1936 年成为国立公园，范围横跨山梨县、静冈县、神奈川县、东京都，是日本的人气名胜。光是箱根一地，每年就有 2000 万人次的观光客，如果包括富士五湖、伊豆半岛，一年观光客人次便会突破 1 亿，是全日本最有人气的国立公园。

▶ 箱根关所

▶ 箱根神社

▶ 关所江户入口

箱根町的“大涌谷”（おおわくだに / o-wakudani）是箱根火山喷烟地区，搭箱根空中缆车可以自上空俯瞰整个大涌谷，非常壮观。而大涌谷的特产“黑玉子”（くろたまご / kurotamago，黑蛋），是利用 80 摄氏度的温泉水煮成后，再以 100 摄氏度的水蒸气去蒸，蛋壳便会变成黑色。据说吃一个黑蛋可以延寿 7 年，6 个黑蛋一包，价格是 500 日元，若花 500 日元就能延寿 42 年，这世上的所有医生岂不都没事可做了？

不过反正是当地特产，其他地方买不到，大家若有机会前往箱根大涌谷时，不妨买来吃吃看。虽然味道跟一般煮蛋差不多，不过爬山路到山腰处的“黑蛋茶屋”现买现吃的话，热腾腾且带有咸味的煮蛋会令人感觉特别好吃。唯一的缺点是一次吃不下那么多，就算两人结伴同行，也无法当场吃下六个黑蛋呀。

➢ 大涌谷山腰上的黑玉子茶屋

➢ 煮黑蛋处

➢ 黑蛋

富士山（ふじさん / Fujisan）

富士山标高 3776 米，是日本最高的活火山，横跨静冈县、山梨县。每年登山时期只限 7 月 1 日至 8 月 26 日，在这短短两个月期间，登山人次却多达 20 万以上，而且其中三成左右是外国人。

富士山年降雨、降雪量约 22 亿吨，20% 气化为云雾，80% 则潜入地表成为伏流水，百年后才会再度涌出，因此富士山的地下水含有丰富的“バナジウム”（banajiumu，钒），是广受好

➤ 富士山与芦之湖 / photo by © knaakle

评的矿泉水商品之一。

根据史书文字记载，富士山过去总计喷发了 18 次，最后一次是江户时代的 1707 年，由于留有大量文书以及绘画，据说当时连距离 100 公里远的江户也降下 10 厘米高的火山灰。

为何富士山会成为全球有名的山呢？主要原因在于它优美的圆锥形轮廓。加上四周没有能够与它竞争的山脉，终年积雪的山顶便更为醒目，是日本“三灵山”（さんれいざん／Sanreizan）之一。另外两座灵山是“立山”（たてやま／Tateyama）、“白山”（はくさん／Hakusan）。

富士山山顶除去隶属环境省的登山道和隶属气象厅的气象观测所以外，全是富士山本宫浅间大社（ふじさんほんぐうせんげんたいしゃ／Fujisan Hongu Sengen Taisha）的私有地。至于“富士”的语源，在日本最古老也是全球最早出现的传奇小

➢ 富士山／photo by © 风间小太郎

说《竹取物语》中有记载，传说是辉夜姬回月宫后，留下长生不老的药给天皇，天皇却因哀伤过度，命侍从把长生不老药送至离月宫最近的山顶焚烧掉，日后将这座山命名为富士山。

➢ 富士山山顶 / photo by © knaakle

➢ 富士山山顶的拉面 / photo by © knaakle

日光（にっこう / Nikko）

日光是栃木县（とちぎけん／Tochigi-ken）西北部的日光市，不过日本人口中的“日光”，通常是指“日光东照宫”（にっこうとうしょうぐう／Nikko- Tosho-gu），是祭祀江户幕府第一代将军德川家康的神社，也是世界遗产之一。日光的“二社一寺”世界遗产，指的是东照宫、二荒山神社、轮王寺。

“日光”这个地名源自当地灵山“二荒山”（ふたらさん／Futarasan），而二荒山名又取自中国佛教四大名山之一的普陀洛迦山，是相传为观音菩萨现身说法的道场。普陀洛迦山的日语发音是“ふたらくさん／Futarakusa”，“二荒”又可以念成“Nikko”，所以空海于公历 820 年到访日光时，把“二荒”音译成“日光”，这地名便沿用至今。

二荒山主峰是“男體山”（なんたいさん／Nantaisan），标高 2484.5 米，位于中禅寺湖（ちゅうぜんじこ／Chu-zenji-ko）北岸。中禅寺湖的面积在日本排行第 25 名，也是全日本标高最高的淡水湖。

从前，中禅寺湖内没有鱼，明治时代以后，当地人为了给来此地避暑的外国人提供娱乐和餐饮，在湖内养殖了“姬鱒”（ひめます／himemasu，姬鳟），如今中禅寺湖已经成为假饵钩钓鱼名所，而日光的特产料理也变成“虹鱒”（ニジマス／

nijimasu，虹鳟）了。

虽然目前中禅寺湖是日光观光胜地，但直至明治时代为止，由于男体山意味男人的身体，是女人禁地，女人无法前往男体山一旁的中禅寺湖怡情养性。不要说男体山了，直至明治时代为止，连富士山也是每隔 60 年才准许女人登山，而且女人只能登至四合目（“合目”是日本计算山高的传统单位，把一座山的高度分为十份，每一份即为一合，目是指序数，半山腰是五合目，山顶则称为十合目）。在日本第一位破戒登上富士山的女性，是 1867 年与丈夫同行的英国驻日公使巴夏礼爵士夫人。

从日光市街前往中禅寺湖、男体山，只有一条山路，正是“伊吕波坡道”（いろは坂／Irohazaka），也就是 120 号国道。全程总计 48 处急转弯，刚好和日文平假名总数相同，因此统称

➢ 中禅寺与男体山／photo by © Tomo.Yun

“いろは坂”。

现代日文平假名虽然按照五十音来排列，但在 19 世纪末之前，是按照“いろはにほへと……”（irohanihoheto）的顺序排列。这种排列方式自千年前的平安时代起，直至 1884 年《日本百科事汇》上市时，才首次将平假名排列法改为“あいうえお”（aiueo）的五十音顺序，因此现代日文中仍有许多序数惯用“いろは”排列法。而日文的“いろは”（iroha），意思便是初步、入门、字母，相当于英文的“ABC”。

提到“いろは坂”，倘若有人亲自开车往返过，应该都知道开这条山路时必须专心，我经历过好几次，即便只是坐在副驾驶座，也觉得惊险万分，不敢随意与开车人搭话。全程 6.5 公里，标高差约 500 米，分为登山坡与下山坡两条山路，每个转弯处都竖立着“い 1”“ろ 2”“は 3”的路标。我在看周杰伦主演的电

➢“いろは坂”秋景

影《头文字 D》时，脑海中首先浮出的拍摄现场便是“いろは坂”，事后才知道实际拍摄现场是“新潟县”的“弥彦山”（やひこやま / Yahikoyama）登山公路。

▷ 华严瀑布

日光另一处观光胜地是“華厳の滝”（けごんのたき / Kegon no Taki / 华严瀑布），在日光所有 48 股瀑布飞泉中是最有名的，水流源头正是中禅寺湖。高 97 米，宽 7 米，水量是平均每秒 2.5 吨，台风天时，水量会增至 40 吨。

据说华严瀑布的水量重力很大，瀑布后的岩壁逐渐被削薄而后退，若置之不理，500—2000 年后，瀑布很可能移动至中禅寺湖正下方，于是有关单位便在岩石内打入钢线以加固岩壁，并不时观测其动向。

华严瀑布也是自杀名所。1953 年 5 月 22 日，有位旧制一高（东京大学前身）18 岁男子藤村操，在瀑布旁的树木留下一篇《严头之感》遗书，跳进瀑布深潭自杀。在此后的短短四年间竟然有 180 多个追随者，由于当时有警察在监视，只有 48 人自杀成功。现今因为有栏杆等安全设施，已经不再出现自杀者，不过有传闻若以华严瀑布为背景拍照，有时会拍出灵异照片。

藤村操是名门子弟秀才，也是夏目漱石的学生。此事件在当时引起很大的震动，许多文人都留下感叹文章，而夏目漱石在该学生自杀一周前，基于该学生没做作业，斥责了他两次，据说这事令夏目漱石自咎不已，也是夏目漱石于日后患上抑郁症的原因之一。

最后来介绍日光最有名的东照宫。简单说来，东照宫是德川幕府第一代将军德川家康的坟墓，由于日光位于江户（东京）正北方，当时的人认为固定不动的北极星是天上之帝，因此德川家康的政治顾问天海僧正，决定在日光建造家康坟墓，让家康成为江户守护神。施工期约为一年五个月，前后动用了 450 万人，总工程费大约是现今的 500 亿日元。

▶ 东照宫

天海自身虽是佛教僧正，但当时的日本是神佛混合，亦即神道和佛教同化为一体，所以虽把家康供奉为八百万神祇之一的神，却也在神社内建筑了佛教的五重塔。

东照宫内有很多代表和平的动物，最有名的是奥宫入口处的“眠り猫”（ねむりねこ／numurineko），外形看似在睡觉，其实随时可以跳起来张牙舞爪守护家康的灵魂；另有一种说法是表示麻雀再怎么吵也吵不醒眠猫，比喻神社境内永保和平。

其次有名的是神厩上的三猴雕刻：非礼勿言，非礼勿视，非礼勿听。猴子是神马的守护神，所以雕刻在神厩上。另外，仔细看可以发现阳明门左方一根柱子的花纹与其他柱子不同，上下颠倒，这是为了避邪才特意如此建造。

以上是日光的主要观光名所，不过我个人想特别推荐“日光江户村”（にっこうえどむら／Nikko-edomura），这是江户时代生活文化集大成的主题乐园，总面积约 49.5 万平方米，里面有很多江户时代的建筑物和游乐场所，可以让游客超越时空返回江户时代，非常好玩。其中最受欢迎的演出节目是忍者武剧和花魁游行。

➢ 眠猫

➢ 三猴雕刻

➢ 日光江户村花魁秀

大阪（おおさか / O-saka）

大阪市是西日本文化、产业、行政、交通中心都市，人口约 265 万，整个大阪府总人口则将近 900 万。大阪市、京都市、神户市三市通称“京阪神”（けいはんしん／keihansin），“京阪神三大学”指的便是京都大学、大阪大学、神户大学。

京阪神大都市圈范围包括大阪府、兵库县南部、京都府南部、奈良县北部、滋贺县南部、三重县伊贺地区、和歌山县北部，总人口约 1900 万，在日本仅次于关东大都市圈。

大阪是日本首创地下商业街的都市，本来目的是顾及行人的安全，于 1957 年在难波（なんば／Nanba）车站附近建设了地道，但当时行人嫌地道阴暗潮湿，敬而远之，于是有关当局便在地道内引进各式各样的商店，这就是日本地下商业街的起源。

当时的地下商业街就是现今的“NANBA NANNAN”，如今又增加了一个“KURISUTA 长堀”（くりすたながほり／Kurisuta Nagahori），总面积约 8.2 万平方米，估计等同于两个东京巨蛋，比东京八重洲地下街还要大，是日本规模最大的地下商业街。

其他还有许多设置了河川或喷水池的独特地下街，有兴趣的人不妨去逛逛，会发现这些地方宛如奥斯卡颁奖典礼时诸多女明星在竞争晚礼服那般，各异其趣，别有风味。

大阪在江户时代又被称为“天下的厨房”，全国各地的食品都先海运至大阪，再分散到其他地方，因此大阪人向来是“食い倒れ”（くいだおれ／kuidaore）族群，意思是大阪人为了美食可以倾家荡产；而京都人则是“着倒れ”（きだおれ／kidaore），因为从前的京都是贵族公卿与僧侣聚集之处，非常重视穿着，钱都花在了服饰上，往往为了穿着而败尽家业。

中央区“道頓堀”（どうとんぼり／Do-tonbori）的“食い倒れ食堂”一楼正面，有一个名为“食倒太郎”的人偶，这个太郎人偶具有与大阪城、通天阁、太阳塔同等高的知名度，是大阪的象征。

1949 年创业的“食い倒れ食堂”老板山田六郎，于 1959 年盖大楼时，原打算向银行贷款，不料银行竟以必须废除那个一天到晚敲锣打鼓吵个不停的人偶为贷款条件之一，然而老板

➢ 道顿堀／photo by © zemoko

➢ 食倒太郎／photo by © Chaojikazu

不忍心废除太郎，最终没向银行贷款而独立盖了大楼。

如今食倒太郎的知名度虽已传遍全日本，但大楼因建筑年数太久，已严重老化，老板决定在 2008 年 7 月歇业。2009 年 7 月，食倒太郎在道顿堀伴手礼免税店一楼的专门店复活，人气不减，依旧是大阪名物之一。

“通天阁”（つうてんかく／Tsu-tenkaku）位于浪速区（なにわく／Naniwaku）新世界（性质类似东京浅草）那一带的中央，高 100 米，若把避雷针也算进去，则有 103 米，是日本登记在册的有形文化财产的瞭望塔。五楼瞭望台搁置着美国福神 Billiken 的木雕像。据说摸他的脚底可以招福。不只通天阁五楼，大阪新世界那一带随处可以看见 Billiken 雕像。

➢ 大阪福神／photo by © MShades

➢ 通天阁 / photo by © MShades

第一代通天阁建于 1903 年，高 91 米，当时是亚洲最高的瞭望塔。目前的第二代通天阁于 1956 年完成，侧面是日立公司的广告，塔顶有四种颜色组成的天气预报霓虹灯。地下有通天阁歌谣剧场，每周末都有演歌秀。

道顿堀是长约 2.5 公里的运河，两侧都是商业区，这一带最有看头的是商店“看板”（かんばん / kanban，招牌）。五花八门的商店广告牌不时在吸引着游客的目光。

关东人老是嫌关西人俗气，这可以从商店广告牌或当地人的打扮服饰上看出个中理由。关东地区在江户时代是政治中心德川幕府的武士文化，关西地区是商业文化，因此关东人凡事

➢ 看板 1 / photo by © zemoko

➢ 看板 2 / photo by © ethlite

➢ 看板 3 / photo by © tiseb

➢ 看板 4 / photo by © Colin McMillen

都不喜欢引人注目，以免无故惹来杀身之祸；而关西人则是使出浑身解数也要标新立异，否则怎能让顾客上门?

到日本旅游的人，不妨暗自比较一下东京与大阪的商店广告牌，以及当地人说话时的声音大小和肢体语言，一定可以看出两者的差异。

另外，每年夏季，歌舞伎演员会在道顿堀泛舟进行新戏剧公演宣传游行和“袭名”（しゅうめい／shu-mei，继承师名）典礼，喜欢日本传统艺能的人可以事先查询演出日期再前去观赏。

京都（きょうと / Kyo-to）

京都，一般外国人都念成“きょうと / Kyo-to”，但在日本国内除了“Kyo-to”，有时还会念成“みやこ / Miyako”或“きょうのみやこ / Kyo-no miyako”。“Miyako”的汉字是“都”，“宫处”（Miyako）之意。

提起京都，在我还未去旅游之前，印象最深的是两个儿子于初中“修学旅行”（しゅうがくりょこう / shu-gaku ryoko，学校例行公事之一的长途旅游）时，从京都带回来的特产点心都是“生八ツ橋”（なまやつはし / namayatsuhashi）。害我当时对着儿子碎碎念：难道京都只有这种和果子？

事后才知道，京都人惯常吃的是另一种长方形的烤米果，现在观光客买的那种半透明饼皮内包甜馅，类似可丽饼的三角形“生八ツ橋”，是 1966 年专为国内修学旅行生开发出的特产品，难怪从关东地区前往关西地区旅游的修学旅行生，都买同样的和果子回来孝敬父母。因此，当我自己到京都旅游时，就对“生八ツ橋”不屑一顾，专门找当地人惯常吃的桂皮米果试吃。二者比较之下，我发现当地人惯常吃的桂皮米果比较合我的口味。

京都在千年前名为平安京那时，分为左京（东边）、右京（西边），左京别称洛阳，右京别称长安。只是右京长安那边是

沼泽地，不久便荒废衰微，左京洛阳却一直歌舞升平，这个左京洛阳正是目前的京都市。所以战国时代以及江户时代，甚至平成时代的现代日本人，仍惯用“上洛”（じょうらく／jyo-raku）这个词来形容前往京都之举，而到东京时则被称为“上京”（じょうきょう／jyo-kyo）。

读过《阴阳师》这套小说的人，应该都知道京都是典型的风水都市、巨大咒术城市。北方有玄武船冈山，东方有青龙贺茂川，途中与高野川汇合成鸭川，南方有朱雀巨琼池，西方有白虎山阳、山阴二道；东南西北四方配置了四圣兽，鬼门方位的东北方则配置了比叡山延历寺。

我不知道风水这门学问到底准不准，却认为应该并非凭空杜撰，否则，京都在二战中也是投下原子弹的候补城市之一，当时美军认为反正迟早将会投下原子弹，才没对京都进行大规模空袭。倘若不是“咒术城市”，战后当时恐怕跟广岛、长崎那般，当地居民首先必须做的不是整理废墟，而是每天要焚烧躺在街上的那些数不尽的尸体。

京都府总人口是263万，京都市人口只有146万，在我这种住在首都圈的关东人眼里，是个规模很小的县市。大概家里只要有一辆自行车或机车，或是搭巴士或出租汽车，便可以随心所欲地跑东闯西。

然而，京都每年的观光客多达5000万人，其中修学旅行生有100万人，外国人是80万人，这些外国人中，美国人占30%，韩国人占7%，中国人占20.5%，观光消费总额是6400亿日元（以上数字均为2006年京都市政府统计结果）。换句话说，146万当地居民每年要招待5000万外地人，而每年光是招待这些观光客，便可以赚进 6400 亿日元，难怪京都人会认为自己活在地球的中心。

“活在地球的中心”这句话不是我夸大其词，而是从京都人口中听来的。据说，60% 以上的独身市民都是生在京都、长在京都的纯京都人，阿公阿婆世代的更夸张，80% 以上的人从未离开过京都。简单说来，除非不得已，京都人不会离开自己的故乡迁居到别处，也因此，对京都人来说，京都便是他们的“地球”。

有一次，我问京都人：“京都是盆地，全日本人都知道京都冬冷夏热，即便这样你们仍不想离开京都吗？”对方回说：“我们自有我们独特的过法，你们外地人无法体会啦。”对方说得没错，无论任何地域，当地人自有当地人的过法以及日常生活的风俗习惯，外地人终究是外地人，即便每年都到京都一掷千金，也无法融入其中。

我再问：“那如果我想搬到京都住，首先要准备什么事？”对方想都不想，马上笑道：“最好先学会关西话，要不然不管你在京都住几年，左邻右舍仍会视你为外地人。”哦，原来如此。有关这一点，我觉得很有趣。一般说来，关东人不会计较对方的乡音，例如邻居搬来一家关西人，在当地住了五年、十年后，全家人依旧讲关西话的话，左邻右舍聚在一起时不会说长道短地批评对方不入乡随俗。反正关东人即便不会讲关西话，也听得懂关西话。方言在人际关系上不会成为绊脚石。

但是这一点在京都行不通。倘若你在京都住了一两年，仍不会讲关西话，那你绝对有苦头可吃。这也是一般日本人认为京都人很封闭、排外的最大原因。我有个嫁给京都人的朋友，她在京都生活了五年之后离婚。在嫁到京都之前，她明明是关东人，根本不会讲关西话，但是离婚回来后，跟老朋友见面时，开口闭口都是纯正的关西话，害我们这些老朋友听得目瞪口呆。她说过，除非你是观光客，否则大部分京都人都很讨厌讲关东话的人，在京都人面前最好不要提起德川家康，不然会遭遇一场听起来很温柔，其实内容很酸、你又听不懂的京都腔冷嘲热讽。

我们这些老朋友听后都捧腹大笑，边笑边骂这一切都是德川家康那个“老狸猫”惹来的祸。接着有人反驳：“‘老狸猫’一点都没错，真正的祸首是那个自卑感超强的丰臣秀吉吧？当初要不是他把‘老狸猫’赶到鸟不生蛋的关东，哪有今天的东京？明明是关西人自食其果的嘛。”

总之，关东人和关西人之间一旦发生纠纷，德川家康和丰臣秀吉通常会成为俎上肉、釜中鱼，变成酒席上众人的谈笑话柄。

只是细想之下也难怪京都人会讨厌关东人。京都在日本算是一个小王国，不但历史悠久，而且至今仍是“日不落国”，就算披着落后时代的外衣，外地人乃至外国人依旧怀着憧憬心态蜂拥而至。京都人会把自己的故乡当作地球，满脸堆笑地迎接观光客，内心想的却又是另一回事，均是情有可原。

而且，京都人虽然看似披着一件古老的外衣，其实本质是厌旧贪新。因为贪新，所以不断追求新潮；因为不断追求新潮，所以才会念旧，继而得新而不忘旧。这一点可以从商店的招牌看出来。

由于京都是古都，又是全日本最有人气的国际观光城市，比起其他城市，有许多管制措施，例如不能盖高楼大厦、商店招牌不能过于惹眼，等等。我建议大家到京都观光时，不妨仔细观察一下商店招牌，乍看之下似乎很不起眼、很低调，但只要仔细看，会发现在那些看似古色古香的招牌上，隐藏着京都人强烈的个人主张与创意，而且大部分招牌都是 DIY。

至于观光名所以及 17 处世界遗产，只要翻阅一下中文旅游指南，应该都有详细介绍，在此我就不再赘述。倒是想建议一下大家，到京都时，不妨找家“餃子王将”（ぎょうざのおうしょう / Gyo-za no O-sho）进去吃吃看。在日本，提起饺子，指的并非水饺，而是煎饺，类似锅贴。王将的总店就在京都。不只是京都人，凡是关西人，只要一提起饺子，脑中浮现出的一定是王将。一盘才 180 日元，对省吃俭用的自由行旅客来说，应该不是一种负担。

附带一提，关东人一提起饺子，脑中浮现出的是“餃子滿洲”（ぎょうざのまんしゅう / Gyo-za no Manshu），总店正是在我目前住的埼玉县所泽市。所谓“西方王将，东方满洲”，可见这两家的饺子在全日本拥有极高的知名度。而且材料全是国产品，蔬菜也是无农药，更没有防腐剂之类杂七杂八的混合物，可以安心地大快朵颐。

最后来说明一下京都艺伎。

艺伎的正式名称是“艺者”（げいしゃ / geisha），顾名思义，是艺人，也就是从小接受“三味線”（しゃみせん / shamisen，三弦琴）、日本舞蹈、茶道、书法等训练的专家，17 岁左右才能独当一面，正式接客。在成为艺者之前的见习生被称为“舞伎、舞子”（まいこ / maiko）。

➤ 艺者 / photo by © MShades

➤ 舞伎 / photo by © MShades

艺者和舞伎的区分可以从领子看出，前者是白色，后者是红色。艺者的头发是假发，舞伎是真正的头发；发髻上的簪子也不一样，花花绿绿一大串的是舞伎；艺者的口红是上下唇都抹，舞伎只涂下唇。从腰带也可以区分，独当一面的艺者是“太鼓结”（たいこむすび / taikomushubi），就是类似包包的结法，舞伎的腰带则很长。艺者的和服袖子是“留袖”（とめそで / tomesode），舞伎是“振袖”（ふりそで / furisode）；前者脚上穿的是“草履”（ぞうり / zo-ri），后者穿的是厚底的“おこぼ / okobo”。

舞伎通常住在“置屋”（おきや / okiya），白天到“女红場”（にょこうば / nyoko-ba）学校学各种艺事，有时跟着前辈艺者到宴会场见习接待客人技巧。大约五年后，才能参加“襟

➢ 舞伎与艺者 / photo by © Joi

替”（えりがえ / erigae）仪式，也就是换领子晋升为真正的艺者。

换句话说，从前是小学毕业就要去学艺，17 岁便可以独立，但现在基于《儿童福祉法》以及《劳动基准法》等法律章则，女孩子必须在初中毕业后才能去学艺，所以现在通常是 20 岁过后才举行换领子仪式。

为什么艺者都把脸涂得那么白？原因很简单，因为从前没有电灯，只有蜡烛。女性，尤其是青楼女子只能把脸涂白，以强调自己的五官，这习惯一直沿袭至今。就算现代已经有电灯了，但假若脸上不涂白，大概也很难匹配身上那些华丽的和服吧。

艺者可以结婚吗？当然可以，只要把见习五年期间的债款

➢ 观光客扮成的舞伎

全部偿清，独立为正式艺者，随时都可以结婚。只是，大部分艺者都选择不婚之路，想结婚的话，只能洗手不干，毕竟没有男人愿意找已婚艺者来陪酒作乐。